D1692500

Mosaik bei
GOLDMANN

Buch

Der eine weiß, wie man Spaghetti kocht, der andere kann ein Kondom benutzen – herzlichen Glückwunsch! Doch ganz ehrlich: Wer endlich auf eigenen Füßen stehen will, muss noch etwas mehr können. Man muss Manager, Hausfrau und Steuerberater in einem sein. Lorenz Schröter erklärt humorvoll und praktisch das fehlende Weltwissen der 18-Jährigen. Neben Wichtigem über die erste Wohnung, den Einstieg in die Arbeits- oder Studentenwelt, die Wahl der richtigen Bank enthüllt er viele Geheimnisse: Wie man z. B. eine Steuererklärung ausfüllt, durch welche Gewürze ein Essen schmackhaft wird, wie Sex in der Praxis abläuft oder was auf Reisen zu beachten ist. Schröter weiht den Leser aber auch in die Geheimnisse der Improvisation ein – vom Notfall eines Luftröhrenschnitts bis hin zu sauberen Toiletten dank Coca-Cola. Kurz: Der ultimative Survival-Guide für alle, die endlich auf eigenen Füßen stehen wollen – ohne ständig bei Mama nachfragen zu müssen …

Autor

Lorenz Schröter, freier Journalist und Autor in Berlin, ist das, was man ein Improvisationsgenie nennt. Mit Mitte 20 kümmerte er sich erstmals um Versicherungen und galt im Kollegenkreis schnell als Experte für alles Praktische. Das von ihm gesammelte praktische Wissen hat der heute über 40-Jährige in diesem Buch zusammengetragen.

Lorenz Schröter

Basics
for Beginners

Der kleine Katastrophenratgeber

Für alle, die endlich
auf eigenen Beinen stehen

Mosaik bei
GOLDMANN

Dank an: Dr. med. Regina Klenner,
Rechtsanwalt Dieter Scharlach, Steuerberater Peter Schwalbe
und Radio- und Fernsehtechniker Jürgen Stößer

Bildnachweis:
Random House GmbH: S. 141, 146f., 152
Mascha Greune (Zeichnungen): S. 166, 193, 207f., 220, 222f., 260

1. Auflage
Aktualisierte Taschenbuchausgabe August 2005
Wilhelm Goldmann Verlag, München,
ein Unternehmen der Verlagsgruppe Random House GmbH
© 2003 Wilhelm Goldmann Verlag, München,
in der Verlagsgruppe Random House GmbH
Umschlaggestaltung: Design Team München
Umschlagillustration: Bernd Pfarr
Satz: Barbara Rabus
Druck: GGP Media GmbH, Pößneck
Verlagsnummer: 16720
WR · Herstellung: Stefan Hansen
Printed in Germany
ISBN 3-442-16720-5
www.goldmann-verlag.de

Inhalt

Geheimwissen

Vorwort

Irgendwann fängt es an, dass man erwachsen wird. Auf die angenehmen Dinge ist man vorbereitet – größere Selbstständigkeit, eigenes Geld und dass man gesiezt wird. Andere Veränderungen sind weniger erfreulich: Plötzlich muss man am Geburtstag eine Runde schmeißen, statt Geschenke zu bekommen. Gerade wenn man denkt, nun sei man frei und unabhängig, sind Versicherungen zu zahlen, Steuern zu erklären und Entscheidungen zu treffen über Krankenkassenzugehörigkeit, Ausbildungs- und Berufswahl und eine eigene Wohnung. Hässliche Worte treten in das Leben wie Lohnsteuerjahresausgleich, Mietrecht, Wasserrohrbruch und Haftpflichtversicherung.

Die meisten wollen damit erst mal nichts zu tun haben. Schieben es so lange wie möglich vor sich her. Dann fragt man seine Freunde. Die haben oft auch keine Ahnung. Manchmal meint der eine dies, der andere das.

Sie wissen nicht, wie man das macht, erwachsen zu werden? So geht es jedem. Selbst wenn Sie vierzig Jahre alt sind, werden Sie wieder ratlos vor einem Problem stehen, das man als erwachsener Mensch eigentlich souverän bewältigen sollte. Das Schlimme am Erwachsenwerden ist: Es hört nie auf. Das ist grausam. Aber auch ein Trost.

In diesem Buch werden all die Dinge erklärt, die man wissen müsste, aber um die man sich bisher nicht kümmern wollte. Lauter lästige, aber wichtige Angelegenheiten.

Andere Informationen sind ermutigender: Internationale Kleidergrößen, damit man in Italien den passenden Bikini kaufen kann. Tischsitten, um an der Festtafel die richtige Gabel für die Vorspeise zu identifizieren. Ein paar schlaue Kochrezepte, einfach, schnell, lecker und doch Eindruck schindend. Reisetipps. Wie zeige ich meinen Nachbarn an? Wie schreibe ich eine Rechnung? Wann ist Spargelzeit? Was tun, wenn man verhaftet wird? Wie fange ich Flöhe? Nach welchen Regeln verläuft ein Date in den USA? Wo zum Teufel laufen die Elektrokabel in der Wand?

Natürlich alles mit 1A-Internetadressen ...

... für deren Inhalt und Aktualität leider keine Garantie übernommen werden kann, obwohl für die Taschenbuchausgabe natürlich alle Adressen geprüft und bei Bedarf aktualisiert wurden. Auch Gesetze und Vorschriften ändern sich, und so kann das eine oder andere bald schon wieder ein bisschen anders sein. Aber wir haben uns bemüht.

Die eigene Wohnung

Erwachsen ist man, wenn man aus dem Hotel Mama auszieht.

Achtzehnter Geburtstag, Berufsabschluss, erster Arbeitstag – nichts ist so einschneidend wie die erste eigene Wohnung. Dann ist auf einmal keiner mehr da, den man fragen kann, wie heiß man Jeans waschen darf, niemand mehr, der die Toilette putzt, niemand, der noch ein letztes Stück Brot hervorzaubert. Plötzlich muss man sich um eine Hausratversicherung kümmern, Betriebskostenabrechnungen lesen, einen Telefonanschluss bestellen und sich mit Handwerkern herumschlagen, die immer dann kommen, wenn man noch schläft, oder nicht kommen, wenn man auf sie wartet.

Die eigene Wohnung ist aber auch ein Statement, wie ich mein Leben gestalte. Bin ich der Luxus-Typ, häuslich oder nachlässig? Verweigere ich mich der Schöner-Wohnen-Ideologie und lebe statt zwischen italienischen Sofas lieber auf einem Zen-buddhistischen Kissenlager?

Du weißt, dass du erwachsen bist, wenn du zum ersten Mal Opfer eines Klingelstreichs geworden bist. Und dich darüber geärgert hast.

Wie finde ich eine Wohnung?

Wohnungsanzeigen stehen in der Wochenendausgabe der Tageszeitung. In Stadtmagazinen werden Mitbewohner für Wohngemeinschaften gesucht.

Mitwohnzentralen − man findet sie in den Gelben Seiten − bieten die Möglichkeit, eine Zeit lang in einer möblierten Wohnung zu leben. Wer in eine andere Stadt zieht, kann dort fürs Erste unterkommen und sich dann in Ruhe eine richtige Wohnung suchen. In der Regel wird vom Vermieter solcher übergangsweise untervermieteten Wohnungen eine Kaution verlangt, oft müssen Katzen oder Pflanzen versorgt werden, manchmal hat man es mit strikten Nichtrauchern und überängstlichen Sammlern kostbarer Ming-Vasen zu tun.

Das größte Problem bei dieser Art der kurzfristigen Untermiete ist allerdings das Telefon. Wegen der berechtigten Sorge der Vermieter, auf einer unbezahlten Telefonrechnung sitzen zu bleiben, wird es meist kurzerhand abgestellt. Dann ist ein Handy unverzichtbar, damit man bei der weiteren Wohnungssuche telefonisch erreichbar ist.

Hilfreich ist es, eine *eigene Anzeige* aufzugeben. Viele Privatvermieter lesen lieber die Wohnungsgesuche, weil dann bei ihnen nicht dauernd das Telefon klingelt. Außerdem können Vermieter so eine Vorauswahl treffen. Wenn Sie eine Anzeige formulieren, sollten Sie auch so genannte Nachteile erwähnen: »Ich bin Künstler, allein erziehend und obendrein Student.«

Das schreckt zwar 90 Prozent aller Vermieter ab, aber bei den restlichen 10 Prozent hat man gerade deshalb gute Chancen. Unbeliebt sind jedoch Juristen (Streithansel), Lehrer (Kindheitstrauma) und Trompeter (Ruhestörer). Beliebt sind Handwerker – die reparieren alles selbst.

Einige Mieter suchen per Anzeige einen **Nachmieter**, weil sie kurzfristig ausziehen wollen. Dabei ist keine Maklerprovision fällig. Wichtig ist, sich mit dem Vormieter und dem Vermieter über die Renovierungskosten zu einigen. Grundsätzlich sollte gelten, dass man die Wohnung beim Auszug in dem Zustand übergibt, in dem man sie vorgefunden hat.

Viele Vormieter verlangen **Ablöse** für Ein- und Umbauten. Beim Auszug bekommt man das Geld in der Regel nicht zurück, es sei denn, man verlangt selbst eine Ablösesumme für den inzwischen völlig verdreckten Teppichboden.

So manche Freundschaft geht drauf, wenn man Nachmieter von Freunden ist. Man zahlt Ablöse und darf beim Auszug renovieren, was die Freunde vorher kaputtgemacht haben.

Bei der **Wohnungsbesichtigung** sollte man auf die Umgebung achten. Wie laut ist es? Wie sieht es mit Parkplätzen, öffentlichen Verkehrsmitteln, Geschäften aus? Besichtigen Sie die Wohnung tagsüber, um zu sehen, ob es hell genug ist. Gibt es Stauraum, einen Keller, wo können die Fahrräder abgestellt werden? Sind die Fenster isoliert? Sind Bad und Küche groß genug? Passt der Schreibtisch unter die Fensterbank?

Messen Sie die angegebene **Wohnfläche** nach. Garage und Keller zählen nicht zum Wohnraum. Ein Balkon darf nur zu 25 Prozent, bei Sozialwohnungen zu 50 Prozent als Wohnfläche angerechnet werden. Teile des Zimmers, die unter zwei Meter Höhe liegen (z. B. Dachschrägen), gelten nur als halbe Wohnfläche. Für Einbauschränke oder übergroße Türdurchgänge gibt es Sonderregelungen.

Schreiben Sie eventuelle **Mängel** auf, wie Wasserflecken an der Decke, fehlende Türklinken und tropfende Hähne, und lassen Sie diese vom Vermieter in einem Übergabeprotokoll abzeichnen. Oder fotografieren Sie Mängel. Klären Sie, ob das noch vor dem Einzug renoviert wird. Bekommen Sie Mietnachlass, wenn Sie es selbst reparieren? Beim Einzug sollten keine Fragen mehr offen sein. Wurden die Mängel nicht behoben, schreiben Sie eine Mängelliste, die zusätzlich ein Zeuge abzeichnet; das kann jeder Freund machen. Verlangen Sie die Renovierung nachträglich. Sollte es zu einem Rechtsstreit kommen, und im Mietvertrag steht, dass Sie die Wohnung komplett renoviert übernommen haben, obwohl es nicht so war, bekommen Sie mit einer solchen Mängelliste trotzdem vor Gericht Recht.

Setzen Sie bei der Wohnungsbesichtigung einen freundlichen, neutralen Gesichtsausdruck auf – weder zu begeistert noch zu misstrauisch. Vermieter verlangen manchmal eine **Bankauskunft** oder eine **Verdienstbescheinigung**. Die brauchen Sie aber erst bei der Vertragsunterzeichnung.

Miete zahlen

Wohnungskosten setzen sich in der Regel aus zwei Teilen zusammen: die Grundmiete und die Nebenkosten. Steht in der Anzeige *Kaltmiete*, bedeutet das Miete inklusive Nebenkosten wie Müllabfuhr, Grundsteuer, Hausmeisterei, Winterdienst, in manchen Fällen auch Wasserverbrauch. *Warmmiete* heißt, dass Heizung und Warmwasser pauschal im monatlichen Mietpreis enthalten sind. Für die verbrauchsbezogenen Nebenkosten, neben Heizung/Warmwasser manchmal auch das Kaltwasser, gibt es eine Jahresendabrechnung.

Solange Wohnungsmängel vorliegen, können Sie die *Miete kürzen*. Die Höhe hängt vom Grad der Beeinträchtigung ab. Aufzug kaputt, Wasserrohrbruch, Heizungsausfall – für all das kann man die Miete mindern. Einige Präzedenzfälle: Zwischen 20 und 25 Prozent weniger, wenn Sie wegen monatelanger Bauarbeiten die Fenster nicht öffnen können und keine normale Unterhaltung mehr möglich ist. Ist die Wohnung in dieser Zeit verdunkelt, und Sie können den Balkon nicht mehr nutzen, sind 15 Prozent Abschlag angemessen. Bevor Sie die Miete kürzen, holen Sie sich eine Rechtsberatung.

Die *Maklerprovision* darf höchstens zwei Monatskaltmieten betragen. Es gibt Hauseigentümer und Vermieter, die für ihre eigene Wohnung Maklergebühr verlangen. Das ist illegal. Diesem fiesen Trick kommt man dadurch auf die Spur, dass Vermieter und angeblicher Makler dieselbe Adresse oder Telefonnummer besitzen.

Als **Kaution** darf der Vermieter nie mehr als drei Monatsmieten – ohne Nebenkostenvorauszahlung – fordern. Der Mieter darf sie in drei Monatsraten zahlen. Nach Beendigung des Mietverhältnisses muss der Vermieter, wenn er keine Ansprüche mehr gegenüber dem Mieter hat, den Kautionsbetrag mit den zwischenzeitlich angefallenen Zinsen und Zinseszinsen zurückzahlen.

Im Schreibwarenladen und im Internet gibt es **Standard-Mietverträge**. Das ist gut, denn da inzwischen alle Verträge und Formulare fast nur aus Kleingedrucktem bestehen, muss man sich bei Vertragsabschluss lediglich alle Abweichungen von diesem Standard und die Anlagen gut durchlesen.

Bestimmte Klauseln und Formulierungen sind unwirksam, auch wenn sie vertraglich vereinbart worden sind. Die meisten Mietverträge sind unbefristet, ein Vertragsende ist nicht vorgesehen. Mieter, die nach dem 1. 9. 2001 einen Mietvertrag abgeschlossen haben, können jederzeit zum nächsten Quartal **kündigen**. Vermieter sind bei einer Kündigung an bestimmte Fristen gebunden: drei Monate bei einer Wohndauer bis zu fünf Jahren, sechs Monate bei einer Wohndauer von mehr als fünf Jahren und neun Monate bei einer Wohndauer von mehr als acht Jahren.

Der gesetzliche Kündigungsschutz gilt allerdings nur für Wohnraummieter, nicht für gewerbliche Mietverhältnisse.

Es gibt für den Vermieter zwei Möglichkeiten, eine **Mieterhöhung** zu begründen. Dabei ist immer die für den Mieter günstigere anzuwenden. Die erste Regel lautet: Um mehr als 20 Prozent in drei Jahren darf die Kaltmiete bei normalen Wohnungen – im Gegensatz zu Sozialwohnungen – nicht steigen. Regel Nummer zwei besagt, dass die ortsübliche Vergleichsmiete, gewöhnlich vom Mietspiegel ermittelt, nicht überschritten werden darf. Der Vermieter muss also die Erhöhung entweder mit dem Mietspiegel begründen oder durch ein Sachverständigengutachten und angeführte Vergleichswohnungen, für die bereits so viel Miete zu zahlen ist, wie er mit seiner Erhöhung fordert. Für Sozialwohnungen gelten andere Regeln.

Reparaturen zahlt der Hausbesitzer. Steht es anders im Mietvertrag, ist das rechtlich nicht zulässig, und Sie können es fröhlich ignorieren. Eine Ausnahme ist die Kleinreparaturklausel. Der Vermieter kann maximal 75 Euro pro Reparatur, aber nie mehr als 150 Euro im Jahr vom Mieter für kleinere Handwerkerarbeiten verlangen.

Der Einzug

In Kleinanzeigen werden *Umzugskartons* oft an Selbstabholer verschenkt. Beim Umzug die Kartons höchstens halb voll mit Büchern und Aktenordnern packen und mit Kleidung auffüllen, sonst sind sie viel zu schwer.

Deponieren Sie beim Einzug einen *Ersatzschlüssel* beim Nachbarn oder bei Freunden.

Die erste Nacht in der neuen Wohnung ist ein kleines Abenteuer. Geheimnisvolle Geräusche geistern durch die Räume: das Knacken des Stromzählers, das ferne Gurgeln von Wasserrohren, das Anspringen der Heizung. Wenn man nachts aufsteht, ist plötzlich kein Licht in Reichweite. »Hätte ich doch nur eine Taschenlampe mitgebracht!« Der Gedanke kommt einem spätestens, wenn man sich beim blinden Herumtappen den Fuß anstößt. Und dann die peinliche Erkenntnis: Klopapier kauft sich nicht von selbst ein!

In jeden **Haushalt** gehören außer einer Taschenlampe eine Leiter, ein Satz Schraubenzieher in verschiedenen Größen mit und ohne Kreuzschlitz, ein Phasenprüfer, ein paar Glühbirnen, Hammer, Kneifzange und Flachzange, ein Metermaß, Sicherungen und mindestens ein Verlängerungskabel.

Notieren Sie beim Einzug in die Wohnung den Stand von Strom- bzw. Wasserzähler.

Legen Sie sich eine Schublade oder einen Aktenordner zu, wo Sie sämtliche Gebrauchsanweisungen und Garantiebestätigungen aufheben.

An seinem neuen Wohnort muss man sich innerhalb von vier Wochen **anmelden**, sonst ist ein Bußgeld fällig. Nach dem Umzug sollten Sie der Meldebehörde also nicht auf die Nase binden, dass Sie schon sechs Wochen da wohnen.

Die Meldebehörde hat oft den Namen Einwohnermeldeamt, manchmal ist sie bei der Polizei untergebracht, manchmal heißt sie Kreisverwaltungsreferat, und in kleineren Kommunen findet man sie auch im Rathaus. Dort kann man übrigens im-

mer nachfragen, wo man sich anmelden muss. Bei der Meldebehörde bekommen Sie auch Ihren *Pass, Personalausweis*
und meist auch die *Lohnsteuerkarte*. Zieht man in eine andere Stadt, muss man sich in seinem Heimatort abmelden! Sie
können auch einen Zweitwohnsitz anmelden; wichtig ist, wo
Sie Ihren Lebensmittelpunkt haben. Dort müssen Sie dann
auch die Steuern zahlen.

Besitzen Sie *Radio* und/oder *Fernseher*, müssen Sie die Gerä-
te bei der GEZ (Gebühreneinzugszentrale) anmelden. Formulare gibt es bei allen Banken und Sparkassen. Auszubildende
und Studenten können sich von den Gebühren befreien lassen.
Das *Telefon* schließt die Telekom an bzw. eines ihrer Subunter-
nehmen. Rufen Sie unter 0800-3301000 an. Ist in der Wohnung bereits ein Anschluss vorhanden und wissen Sie die alte
Telefonnummer, dauert es etwa drei Tage. Kennen Sie die
Nummer nicht, vielleicht eine Woche.

Kündigen

Vermieter benötigen einen gesetzlich anerkannten *Kündigungsgrund*, um Sie aus der Wohnung rauszubekommen. Zum
Beispiel Eigenbedarf, wenn der Vermieter selbst oder einer seiner Familienangehörigen einziehen will. Oder Hinderung an-
gemessener wirtschaftlicher Verwertung, wenn der Vermieter er-
hebliche Nachteile erleidet, weil Sie weiter in der Wohnung leben. Diese Regel gilt nicht für Mietverträge aus der DDR-Zeit.

Der Mieter kann jedoch einer an sich berechtigten Kündigung durch den Vermieter widersprechen, wenn die Kündigung für ihn eine Härte darstellen würde. Das ist etwa der Fall bei fehlendem Ersatzwohnraum, hohem Alter, Invalidität, Gebrechlichkeit, schwerer Erkrankung, Schwangerschaft, Schwierigkeiten der Kinder beim Schulwechsel, bevorstehendem Examen, geringem Einkommen oder langer Mietdauer.

Den **Widerspruch gegen die Kündigung** müssen Sie schriftlich erklären und eigenhändig unterschreiben. Das Widerspruchsschreiben muss der Vermieter spätestens zwei Monate vor Ablauf der Kündigungsfrist in Händen halten.

Auch wenn Sie die Miete nicht zahlen, kann der Vermieter Sie nur schwer hinauswerfen. Zahlen Sie einfach die dritte Miete, bleiben aber zwei schuldig, und schon gerät der Rausschmiss ins Stocken. Nicht ganz zu Unrecht heißt es, eine Ehe sei leichter zu scheiden, als einen Mieter aus der Wohnung rauszubekommen.

Will der Vermieter die **Wohnung verkaufen**, so hat der Mieter ein gesetzliches Vorkaufsrecht. Sie können so lange mit Ihrer Entscheidung warten, bis sich für die Wohnung ein anderer Kaufinteressent gefunden hat. Erst wenn ein detaillierter, notarieller Kaufvertrag zwischen dem Wohnungseigentümer und dem Kaufinteressenten vorgelegt wird, in dem natürlich auch der konkrete Kaufpreis steht, muss sich der Mieter der umgewandelten Eigentumswohnung entscheiden, ob er kaufen will. Und zwar zu den Bedingungen, die im notariellen Kaufvertrag niedergeschrieben sind.

Wird ein ganzes Haus in Eigentumswohnungen umgewandelt, ist eine *Eigenbedarfskündigung* mindestens drei Jahre ausgeschlossen. In manchen Bundesländern beträgt die Frist sogar fünf oder zehn Jahre.

Automatisch muss kein Mieter bei Auszug die *Wohnung renovieren*. Nur wenn im Mietvertrag eine wirksame Schönheitsreparaturklausel vereinbart ist. Sie umfasst: Tapezieren von Wänden und Decken, Anstreichen oder Kalken von Wänden und Decken, Streichen der Heizkörper einschließlich der Heizungsrohre, Streichen der Türen innerhalb der Wohnung, Streichen der Fenster und der Wohnungstür von innen.

Unwirksam sind Schönheitsreparaturklauseln, die Sie generell nach einem Auszug verpflichten, unabhängig von der Wohndauer zu renovieren. Sie müssen auch keine Parkettböden abschleifen oder versiegeln lassen und keinen neuen Teppichboden verlegen. Der Vermieter kann jedoch verlangen, dass Sie das Loch in der Wand zumauern, die komischen Korkplättchen auf dem Fußboden entfernen oder Ihr Deckengemälde badender Nymphen überstreichen. Rechtens sind Vereinbarungen, dass der Mieter Küche, Bäder und Duschen alle drei Jahre, Wohn- und Schlafräume, Flure, Dielen und Toiletten alle fünf Jahre und andere Nebenräume alle sieben Jahre renovieren muss.

Führt der Vermieter *Modernisierungen* am Haus oder in den Wohnungen durch, darf er bis zu 11 Prozent der Modernisierungskosten auf die Jahresmiete aufschlagen. Modernisierungen haben mit Instandsetzungen nichts zu tun. Zur Durchführung der Instandsetzungen ist der Vermieter verpflichtet, dafür kann er keine Mieterhöhung verlangen.

Alle Modernisierungsmaßnahmen müssen drei Monate vor Beginn der geplanten Arbeiten schriftlich angekündigt, voraussichtlicher Umfang und Dauer beschrieben werden sowie welche Mieterhöhung zu erwarten ist. Sie können dann prüfen, ob Sie die geplanten Arbeiten dulden müssen oder nicht. So können Sie sich weigern, ein neues Bad einbauen zu lassen, wenn Sie Ihre Nasszelle bereits auf eigene Kosten modernisiert haben. Oder wenn die Miete nach der geplanten Modernisierung für Sie unbezahlbar wird. Solange keine ordnungsgemäße Modernisierungsankündigung vorliegt, brauchen Mieter keine Handwerker in die Wohnung lassen.

@ **www.mieterverein.de**

Tipps und Tricks

- Der alte Brauch, sich beim Einzug seinen neuen Nachbarn vorzustellen, hat durchaus Vorteile. Dann kann man sich mal ein Ei oder ein wenig Zucker borgen, und die lieben Nachbarn beschweren sich auch nicht so schnell, wenn die Musik etwas lauter ist. Grüßen im Treppenaufgang und Smalltalk am Briefkasten wirken sich ebenfalls gut auf das Nachbarschaftsklima aus.

- Beim ersten Elternbesuch in der eigenen Wohnung kann sich das weitere Verhältnis entscheidend ändern. Lassen Sie eine martialisch wirkende Rohrzange herumliegen, das beeindruckt den Vater maßlos. Putzen Sie die Badewanne, das erstickt jegliche mütterliche Kritik im Keim. Offenbaren Sie Lücken im Haushalt, aber lassen Sie sich nur lebenswichtige Sachen schenken: Staubsauger, Bügeleisen oder einen Mixer. Auf keinen Fall Fondue-Sets, Römertopf oder eine Etagere, außer Sie wollen diese Ungetüme tatsächlich benutzen.

🔆 Neu in der Stadt? Kaufen Sie sich eine Stadtzeitung, und lesen Sie die Klatschspalte. Die Clubs, die da erwähnt werden, aber nicht in der Adressenliste stehen, sind die angesagtesten der Stadt. Taxifahrer wissen meist am besten, wie man dorthin kommt. Diese Regel gilt weltweit. Museumscafés, das Arbeitsamt für Studenten und die Fußballwiese im Park sind ebenfalls gute Anlaufmöglichkeiten für neue Bekanntschaften.

🔆 Beim Sperrmüll und den Recyclinghöfen der Stadtreinigung oder in Zeitungen für kostenlose Kleinanzeigen findet man die billigsten Einrichtungsgegenstände.

🔆 Kühlschränke sind die größten Stromfresser im Haushalt. Achten Sie deshalb auf sparsamen Verbrauch. Stellen Sie das Gerät in einem gut belüfteten Raum auf, nicht aber neben einer Wärmequelle, etwa dem Herd, und schützen Sie es vor direkter Sonnenbestrahlung.

🔆 Energiesparlampen lohnen sich auf jeden Fall. Um die teuren Glühbirnen in alten Lampen zu schonen, sollten Sie das Licht nicht andauernd brennen lassen.

○̣- Standby-Schaltungen grundsätzlich ausschalten. Beim Kochen und Backen Nachwärme von Ofen und Herdplatten nutzen.

○̣- In Winternächten die Heizung auf 16 bis 18 Grad zurückstellen. Das spart nicht nur Energie, sondern ist auch gesünder. Wer friert, sollte eine zweite Decke überwerfen. Morgens fünf Minuten Schocklüften und erst dann auf heimelige 22 Grad aufwärmen.

○̣- Fensterritzen und Türspalten mit Schaumstoffstreifen isolieren. Im Winter keine Vorhänge vor die Heizkörper ziehen, sonst verschwinden bis zu 20 Prozent der Wärme durchs Fenster.

○̣- Bevor man einen Raum neu streicht, sollte man prüfen, ob der alte Anstrich entfernt werden muss. Drücken Sie an einer später verdeckten Stelle ein breites Stück Klebeband fest auf die Wand und reißen Sie es mit einem Ruck ab. Bleibt die alte Farbe an dem Klebeband haften, muss sie vor dem Neuanstrich abgewaschen werden. Wenn nicht, kann man ohne Bedenken darüber streichen.

○̣- Alte Tapeten lassen sich entweder mit einer Mischung aus Wasser und Spülmittel oder mit Essigwasser ablösen.

○̣- Wenn Türen oder Fenster in einem Zimmer neu gestrichen sind, riecht es oft tagelang nach Farbe. Als Abhilfe einen Eimer Wasser mit einem Teelöffel Salmiakgeist über Nacht ins Zimmer stellen. Oder zwei geschnittene Zwiebeln in einen Topf mit Wasser geben. Oder Kuchen backen. Ein angenehmer Duft durchzieht auch die Wohnung, wenn man ein paar Tropfen Parfum auf die heißen Glühbirnen träufelt.

💡 Ein hart gewordener Pinsel wird wieder weich, indem man ihn in kochendes Essigwasser legt. Wenn er weich ist, mit Seifenlauge nachspülen.

💡 Alte Dübel lassen sich mit einem Korkenzieher aus der Wand drehen.

💡 Einen lockeren Nagel mit Watte umhüllen und eingipsen. Dann sitzt er wieder fest.

💡 Verkalkte Gewinde mit Essig einreiben, eingerostete Schrauben mit Öl.

💡 Quietschende Jalousien laufen leichter, wenn man die Schienen mit Bohnerwachs einreibt.

💡 Statt sich mit Nitroverdünner oder Terpentinöl nach dem Malern die Hände zu waschen, versuchen Sie es mal mit Baby- oder Speiseöl. Es weicht die Farbe auf und schont zugleich die Hände.

💡 Lacke und Farbreste niemals in den Ausguss oder in die Toilette schütten, sondern zum Sondermüll bringen.

💡 Unangenehme Klogerüche? Eine Streichholzschachtel neben die Toilette legen. Entzündet man ein Streichholz, riecht man die Methangase nicht mehr.

💡 In jeder Wohnung gibt es einen Sicherungskasten. Fast alle haben inzwischen eine Hauptsicherung, bei der man nach einem Kurzschluss das Knöpfchen wieder hineindrückt, und der Strom kehrt zurück. Um einzelne Stromkreise vorübergehend auszuschalten, weil man eine Lampe anschließen will, reicht es aus, die für das betreffende Zimmer zuständige Sicherung herauszuschrauben.

☀ Elektrokabel verlaufen immer waagrecht oder senkrecht von der Steckdose oder dem Elektroanschluss (z. B. Lampe) in der Wand.

☀ Sie wollen eigenhändig eine Lampe anschließen? Drehen Sie sicherheitshalber die Sicherung heraus. Prüfen Sie mit einem Phasenprüfer, ob die Leitung noch Strom führt. Schälen Sie die Plastikummantelung des Wandkabels und des Lampenkabels mit einem Teppichmesser ab. Nun sollten drei bis vier Kupferstränge aus den zu verbindenden Kabeln herausschauen, die in verschiedenfarbiges Plastik gehüllt sind. Die Kupferstränge führen Sie in die an einen Legostein erinnernde Lüsterklemme ein und schrauben sie fest. Von der anderen Seite führen Sie die Kupferstränge des Lampenkabels ein. Sie dürfen nur gleichfarbig ummantelte Kabel miteinander verbinden. Das heißt, in der Lüsterklemme müssen sich zwei schwarze bzw. zwei rote Hüllen gegenüberstehen. Gibt es keine gleichfarbigen Hüllen, müssen Sie auf jeden Fall das Erdungskabel identifizieren, das ist meist grün-gelb gestreift. Dieses darf auf keinen Fall mit einem positiven oder negativen Kabel verbunden werden, denn sonst gibt's einen furchtbaren Knall, sobald Sie die Sicherung wieder eindrehen – Kurzschluss.

Studentenleben

Wenn zum letzten Mal die Schulglocken geläutet haben, steht einem die Welt offen. Für einen Augenblick genießt man den Ausblick. Doch dann will die Freiheit genutzt werden. Das weitere Leben besteht plötzlich aus lauter Türen, und durch eine muss man nun gehen. Viele stürzen sich nach dem Abitur in das nächstliegende Studium – man kann ja mal schauen und sich erst später entscheiden. Aber nicht wenige bleiben hängen, obwohl sie damit nicht glücklich sind. Oder brechen nach Jahren frustriert ab.

Lassen Sie sich deshalb am Anfang ruhig etwas Zeit. Vertrödeln Sie diese Zeit jedoch nicht einfach, sondern machen Sie Praktika, hören Sie Vorlesungen an der Uni – dazu muss man nicht eingeschrieben sein –, erkundigen Sie sich nach Auslandsaufenthalten, gehen Sie in Unternehmen und reden Sie mit Berufstätigen.

Schauen Sie genau hin, ob ein Studienfach wirklich so langweilig ist, wie es klingt. Ob eine schwierigere Berufswahl tatsächlich chancenlos ist. Manches hört sich zuerst großartig an, hat dann aber andere Nachteile. Ein gutes Fach erkennt man daran, dass einen die Themen in den späteren Semestern interessieren. Besuchen Sie möglichst viele Vorlesungen aller Fachrichtungen. Gibt es nur leise mümmelnde Professoren oder brillante Vorträge? Wie sieht es in der Fakultätsbibliothek aus? Was für Angebote hängen am schwarzen Brett? Gehen Sie in die Cafeteria, erschnüffeln Sie das unvergleichliche Flair von Studenten, die Tee aus Styroporbechern schlürfen. Und Ihren ungeduldigen Eltern erzählen Sie einfach, dass Sie ein Studium generale beginnen. Wie Goethe.

@ **www.studienwahl.de**
   www.hochschulkompass.hrk.de

Studienbeginn

Normalerweise kann man ein Studium zu zwei Terminen im Jahr, zum Wintersemester und zum Sommersemester, beginnen. Sie müssen sich zwei bis drei Monate vorher an der Universität *einschreiben* (Immatrikulation). Dazu brauchen Sie in der Regel das Abiturzeugnis, den Personalausweis, einen Krankenversicherungsnachweis und eventuell die Bescheinigung der ZVS (siehe unten) für die Zulassung zu Ihrem Fach. Für bestimmte Fächer sind eigene Zulassungsprüfungen abzulegen.

Besonderheiten bestehen bei Kunstakademien, Schauspiel- und Journalistenschulen. Hier sind schwierige *Aufnahmeprüfungen* zu überwinden, bei denen in der Regel 90 Prozent der Bewerber durchfallen.

Private Akademien, bei denen der Studierende zu zahlen hat, sind nicht ganz so hart bei der Auslese, dafür ist der Abschluss weniger renommiert.

Numerus-clausus-Fächer

Die ZVS (Zentralstelle für die Vergabe von Studienplätzen) ist für Studienfächer mit Numerus clausus zuständig. Die *Adresse*:

> ZVS
> Postfach
> 44128 Dortmund
> Telefon: 0231/1081-0

Antragsformulare für Bewerbungen sind im *ZVS-Info* enthalten; es erscheint ein Vierteljahr vor Bewerbungsschluss und liegt in Schulen, Arbeitsämtern, den Studienberatungsstellen und Sekretariaten der Hochschulen aus.

Wenn Sie von einer Uni angenommen werden, bekommen Sie einen Brief mit zwei Terminen: einen Termin für die Einschreibung und einen, bis zu dem Sie der Hochschule mitteilen müssen, dass Sie den Studienplatz auch wirklich annehmen (Rückmeldung). Viele bewerben sich an verschiedenen Universitäten. Versäumt man diese Erklärung, dass man den Studienplatz annimmt, wird der Platz anderweitig vergeben.

 www.zvs.de

Seminare und Vorlesungen

Zu Beginn des Semesters belegen Sie Seminare, das heißt, Sie melden sich bei dem jeweiligen Dozenten in dessen Sprechstunde an oder erscheinen während der ersten Seminarstunde.

33

Diese Informationen erhalten Sie im aktuellen *Studienführer* Ihres Faches oder im *Vorlesungsverzeichnis* der Uni. Beides sollten Sie sich als Studienanfänger unbedingt zulegen.

Auch für manche Vorlesungen besteht Anwesenheitspflicht, um einen so genannten *Schein* zu bekommen. Manchmal wird die Anwesenheit überprüft.

Wenn Sie sich für eine Fachrichtung entschieden haben, dann gehen Sie die Sache richtig an. Erkundigen Sie sich gleich nach dem Verlauf des Studiums. Manche Studiengänge nehmen einen automatisch mit wie auf einer Rolltreppe, bei anderen muss man selbst dafür sorgen, dass man alle Scheine für die Zwischenprüfung zusammenbekommt. Unterscheiden Sie klar zwischen notwendigen Seminaren und Vorlesungen und zusätzlichen Angeboten. Die *Studienberatung* hilft dabei. Lernen Sie das Institut kennen: Wo ist die Bibliothek? Was ist Standardliteratur? Welche Hospitanzen oder Jobs können vermittelt werden?

Am Anfang des Studiums bekommt man in der Regel einen Schock: Das erste Semester ist von Natur aus sterbenslangweilig! Weil die meist jungen oder »strafversetzten« Dozenten hier jedes Jahr denselben Einführungs-Stiefel durchziehen. Oft soll die träge Ödnis ganz bewusst abschrecken, damit nur jene Studenten dranbleiben, die wirklich interessiert sind. Die ersten beiden Semester sind in jedem Fach eine Art Fegefeuer. Davon darf man sich nicht entmutigen lassen. Danach wird es besser. Meistens.

Nach circa zwei Jahren ist eine *Zwischenprüfung* abzulegen. Sie trennt das Grund- vom Hauptstudium. Spätestens jetzt sollten Sie alle wichtigen Entscheidungen getroffen haben: Nebenfächer, ob Sie Studienfach oder Studienort wechseln wollen und welchen Beruf Sie nach dem Studium ausüben möchten.

Studieren im Ausland

Entweder geht man gleich nach dem Abi zum Studieren ins Ausland oder nach dem Grundstudium bzw. dem Studienabschluss. Je nach Fachrichtung werden die Scheine und Prüfungen an ausländischen Universitäten anerkannt. Der *Wechsel* an eine andere Uni innerhalb der Bundesrepublik sollte ebenfalls erst nach der Zwischenprüfung stattfinden, da sonst die inzwischen erworbenen Scheine verfallen.

Noch herrscht ein ziemliches Durcheinander bei der Anerkennung von ausländischen Diplomen, Bachelor, Master bzw. deutschen Abschlüssen, die zu einem Postgraduierten-Studium an anderen Universitäten berechtigen. Jedes Semester kann sich hier etwas ändern. Leider interessiert das deutsche Professoren in der Regel wenig; sie verstehen meist gar nicht, warum man ihre schöne Uni verlassen will. Geben Sie sich also nicht mit der erstbesten, meist ablehnenden Antwort zufrieden. Ohne Engagement ist das Studium so, wie es ist, mit etwas Anstrengung ist vieles möglich.

Wenn Sie nach einem Studium im Ausland in Deutschland weiterstudieren möchten, liegt es in der Hand der von Ihnen ausgewählten Uni, ob sie die ausländischen Abschlüsse anerkennt oder nicht. Die Hochschulen sind ebenfalls zuständig für die Anrechnung von Prüfungsleistungen im Hinblick auf eine Promotion.

@ **www.daad.de**

Wie schreibe ich eine wissenschaftliche Arbeit?

Eine wissenschaftliche Arbeit (Seminar-, Diplom-, Magister-, Doktorarbeit) dient dazu, einen wissenschaftlichen Abschluss zu erreichen. Es ist keine Literatur. Wissenschaftliche Arbeiten für die Universität werden selten veröffentlicht, weil sie einen tief gehenden, detaillierten Einblick in ein Thema und keinen allgemeinen Überblick geben sollen. Anders gesagt: Sie sind stinklangweilig für alle, die sich nicht ausgerechnet für die indogermanische Lautverschiebung im Landkreis Ebersberg begeistern.

Eine wissenschaftliche Arbeit ist keine Nacherzählung eines bereits existierenden Werkes. Es sollte eine eigenständige Gedankenarbeit sein. Gehen Sie in die Tiefe, nicht in die Breite. Die Kunst besteht darin, das Thema genau zu bestimmen und dann nicht davon abzuweichen. Ganz stur. Mit Grenzüberschreitungen und »Das ist vielleicht auch noch interessant« macht man sich nur unnötige Arbeit.

Nehmen Sie sich jeden Tag eine bestimmte Zeit zum Schreiben, außer am Wochenende. Schreiben Sie an nichts anderem nebenbei. Egal, ob Ihnen das Thema gestellt wurde oder Sie es sich selbst ausgesucht haben: Sie werden es zuerst lieben (oder hassen), und dann werden sich die Gefühle umdrehen. Irgendwann kommt garantiert der Punkt, wo Sie kein Ende sehen, stocken, alles schlecht finden – aber man muss immer weitermachen.

Aufbau, Form und Stil

Eine Magister- oder Diplomarbeit umfasst in der Regel etwa hundert Seiten plus fünf Seiten Literaturangaben. Eine Doktorarbeit hat den doppelten bis dreifachen Umfang.

Jede wissenschaftliche Arbeit besteht aus drei Teilen plus Literaturliste:

1. In der *Einleitung* werden das Thema und seine Zielsetzung sowie die Arbeitsmethoden vorgestellt. Die Einleitung ist die Rechenaufgabe. Sie umfasst ungefähr ein Sechstel des Gesamtumfangs.

2. Im *Hauptteil* wird der Lösungsweg der Aufgabe beschritten. Das macht circa zwei Drittel des Umfangs aus.

3. Im *Schluss*, ungefähr ein Sechstel des Umfangs, werden die Ergebnisse des Hauptteils zusammengefasst, also ein Resümee gezogen, und die Lösung der Rechenaufgabe aus der Einleitung präsentiert.

Einleitung und Schluss werden vom Professor am genauesten gelesen. Im Hauptteil müssen jedoch alle Gedanken vorkommen, die in der Einleitung angesprochen und im Schluss resümiert werden.

Eine wissenschaftliche Arbeit erkennt man daran, dass der Autor sich von Zitat zu Zitat hangelt. Ein bis zwei ***Zitate*** pro Seite machen einen vernünftigen Eindruck. Eine gute Methode ist es, sich alle eventuell zitierbaren Stellen aus der Fachliteratur zu kopieren und auszuschneiden. Dann legt man die Zettel mit den Zitaten auf dem Fußboden in die richtige Reihenfolge. Nun haben Sie ein Gerüst, an dem sich gut arbeiten lässt. Achten Sie darauf, dass kein wichtiges Werk fehlt. Wichtige Werke sind immer die, die Ihr Professor zu dem Thema geschrieben hat.

Zur Form: Mindestens ein Deckblatt sowie ein Inhaltsverzeichnis; Letzteres kann vorn sein (etwas altmodisch), zwischen Text und Literaturangabe untergebracht werden (etwas unpraktisch) oder ganz hinten stehen. Schauen Sie sich andere Arbeiten neueren Datums an, um den Stil kennen zu lernen, der gerade herrscht. Denn auch wissenschaftliche Arbeiten unterliegen Modetrends.

Das Manuskript sollte in korrekter Rechtschreibung am PC verfasst sein, im Blocksatz mit vom Autor kontrollierter Silbentrennung und in Anderthalb-Zeilen-Abstand ausgedruckt. Schreiben Sie nicht zu eng. Machen Sie Absätze. Am rechten Rand sollten drei bis vier Zentimeter Platz sein. Korrigieren Sie die Arbeit vor der Abgabe mindestens einmal auf dem Papier. Geben Sie sie außerdem einem Freund zu lesen, fremde Augen entdecken ganz andere Fehler.

Zum Stil: Halten Sie sich zurück. Vor allem mit Adjektiven, Adverbien und Wertungen. Ein Komma im Satz macht sich gut, fünf sind vielleicht doch ein paar zu viel. Jeder eigene Gedanke hat das Recht auf einen eigenen Satz. Lassen Sie die Inhalte eines Satzes beisammenstehen. Allgemein bürgert sich ein englischer Satzbau ein, also Subjekt, Prädikat, Objekt, auch Radiostil genannt: Man formuliert einen Satz so, dass der Leser ihn beim ersten Mal versteht, ohne dass er das Ende eines verschränkten Relativsatzes suchen muss.

 www.hausarbeiten.de

www.uni-koblenz.de/agas/lehre/ss03/ wie_schreibe_ich3.pdf

Korrekt zitieren

Es gibt mehrere Lehren, wie man korrekt zitiert, und manche sind in über hundert Paragraphen aufgegliedert. Hier ein kleiner Überblick: Die Quelle im Text direkt nach dem Zitat in Klammern. Das bricht den Lauf des Textes. Oder Zitate mit fortlaufenden Fußnotenzahlen; die Quellen stehen dann am Ende des jeweiligen Kapitels (sehr umständlich) oder am Ende des Manuskripts, was etwas lästig ist, weil man dann ständig blättern muss. Oder, die beliebteste Methode: Fußnote unten auf derselben Seite wie das Zitat.

Eine korrekte *Quellenangabe* sieht so aus: Vorname und Nachname des zitierten Autors, in der Regel ohne akademischen Titel. Bei Anthologien und Aufsatzsammlungen setzen Sie hinter den Namen des Herausgebers (Hg.). Nach dem Autorennamen kommt ein Komma (oder Doppelpunkt) und dann der Titel des zitierten Werkes. Es folgen – jeweils durch Komma getrennt – der Erscheinungsort, die Jahreszahl der Erscheinung sowie die Seitenzahl des Zitats und danach ein Punkt. Ein Beispiel: Lorenz Schröter, Basics for Beginners, München, 2003, S. 40.

Bei Zeitschriften sieht es so aus: zitierter Autor, in: Titel, Ort, Erscheinungsdatum, Seite. Ein Beispiel: Sigrid Bleuel, in: Neue Presse, Bielefeld, 1. 4. 1972, S. 8.

Zieht sich eine Quelle über zwei Seiten im zitierten Werk, dann setzt man hinter die Seitenzahl, auf der das Zitat beginnt, ein kleines f. für folgende (Seite). Sind es mehr als zwei Seiten im zitierten Werk, setzt man ff. dahinter.

Wird aus demselben Werk später nochmals zitiert, schreibt man den Namen des Autors und dahinter – nach einem Komma – a. a. O. (am angeführten Ort) sowie die entsprechende Seitenzahl. Bei einer längeren wissenschaftlichen Arbeit sollten Sie immer auch den Titel des zitierten Werkes mitliefern, denn kein Leser kann sich nach hundert Seiten an Müller, a. a. O. S. 87 erinnern.

Zitate aus dem Internet sind problematisch, da die Quellen häufig dubios sind. Oder würden Sie einem Zitat aus www. juergen-weiss-alles.de Glauben schenken?

Fremdsprachige Zitate müssen – soweit sie nicht in einer deutschen Übersetzung gedruckt worden sind – im Original zitiert werden. Im Anschluss, eventuell in Klammern, kann dann eine eigene Übersetzung folgen mit dem Vermerk: Übersetzung des Verfassers. Nach Absprache mit dem Professor können englische Zitate manchmal unübersetzt bleiben. Bei exotischen Sprachen wie Aramäisch oder Hindi ist eine Rücksprache mit dem Professor sehr angebracht.

Alle zitierten Werke müssen in der **Literaturliste** am Ende Ihrer Arbeit alphabetisch nach den Verfassernamen aufgeführt werden. Zeitschriften, eingesehene Akten, Interviews erhalten jeweils eine eigene Liste.

Ach ja, wissenschaftliche Arbeiten dürfen außer in Deutsch auch komplett in Latein abgefasst werden!

 www.ub.uni-duesseldorf.de/fachinfo/dvb/zit

Das Einmaleins der Recherche

Studenten stehen mehrere **Bibliotheken** zur Verfügung. Diejenige im Fachbereichsinstitut beherbergt die Standardliteratur. Oft sind die wichtigen Werke, die nicht in der Hand- bzw. Präsenzbibliothek verbleiben müssen, ausgeliehen. Die Universitätsbibliothek ist die nächste Anlaufstelle. Dann folgt die Staatsbibliothek, die nicht nur Studenten offen steht. Für alle Bibliotheken braucht man einen eigenen Ausweis. Für Instituts- und Universitätsbibliothek muss man neben dem Personalausweis in der Regel auch einen Studentenausweis vorlegen.

Viele Bibliotheken verfügen inzwischen über **Online-Recherche**, die aber meist die Bestände nicht vollständig erfasst. Das Nachschauen in den guten alten Karteikästen lohnt sich also. Vor allem bei älteren Werken wird man häufig in Altkatalogbeständen und in anderen Bibliotheks-Reservoirs fündig. Werktitel und Sachgebiete sind meist nicht so sorgfältig aufgelistet wie Autoren. Bei chinesischen Namen steht der Nachname zuerst, weshalb man Qian Gang unter Q findet. Buchtitel werden in der Regel nach dem ersten Buchstaben des ersten interessanten Wortes aufgeführt, Anfangswörter wie Der, The, Ein oder Zum entfallen.

Trotzdem ist die Suche nach manchen Titeln ein echtes Geduldsspiel. Ergiebig ist meist folgende Methode: Suchen Sie sich in Ihrem Institut oder an der Staatsbibliothek neuere Standardwerke und aktuelle Doktorarbeiten zu dem gewünschten Thema, und kopieren Sie die Literaturliste im Anhang. Damit haben Sie schon einen Gutteil der eigenen Literaturliste in der Tasche.

Im **Internet** findet man mithilfe von Suchmaschinen hauptsächlich Themen, die nach 1995 relevant waren. Gehen Sie zu google.com, und geben Sie den gewünschten Begriff ein. Bei zu vielen Treffern ein zweites Suchwort eingeben. Oder mit einem Minuszeichen direkt vor einem Begriff Worte ausschließen. Oder mehrere Worte in Anführungsstrichen eingeben. Dann werden nur die Websites angezeigt, in denen die Worte in exakt dieser Reihenfolge vorkommen; das eignet sich besonders bei Namen. Versuchen Sie es auch einmal mit dem Suchwort in Englisch. Bei hartnäckigen Begriffen, die einfach nicht herausgerückt werden, kann man auch die Online-Archive der Tageszeitungen durchforsten.

Internetinhalte sind nicht immer vertrauenswürdig. Schließlich kann jeder auf seiner Website schreiben, was er will. Jeder wissenschaftlich Arbeitende sollte die Glaubwürdigkeit seiner Quellen prüfen und bei Websites besonders misstrauisch sein.

@ **www.amazon.com**
   www.ubka.uni-karlsruhe.de/kvk_alt.html

Finanzspritzen:
Bafög, Stipendien, Kindergeld

Das *Bafög* ist kein Stipendium. Auf die individuelle Studien-finanzierung besteht nach den Bestimmungen des BAföG (Bundesausbildungsförderungsgesetz) ein Rechtsanspruch. Wer kein Geld hat, soll trotzdem studieren können. Beim Bafög ist die Höhe des Einkommens ausschlaggebend: des eigenen und der Eltern oder des Ehepartners. Je nach persönlicher Finanz-lage wird Bafög in voller Höhe oder auch nur zu Teilen ge-währt. Der Höchstsatz beträgt derzeit 585 Euro plus Kinder-geld. Bafög erhalten Sie zur Hälfte als Zuschuss, den Sie nicht zurückzahlen müssen, und zur anderen Hälfte als unverzinstes Darlehen. Die *Rückzahlung des Darlehens* beginnt fünf Jahre nach Studienende, falls Sie dann über ein eigenes Einkommen verfügen, und beträgt monatlich mindestens 105 Euro. Durch spezielle Leistungen, zum Beispiel wenn Sie Ihr Studium vier Monate vor der Förderungshöchstdauer beendet haben oder zu den 30 Prozent der Examensbesten Ihres Abschlussjahrgangs gehören, können Sie Ihre Darlehensschuld vermindern.

Antragsberechtigt sind deutsche Studierende, Asylberechtig-te, unter bestimmten Bedingungen auch Staatsangehörige aus der Europäischen Union. Beim *Studentenwerk* bekommen Sie die Antragsformulare sowie eine Broschüre mit Musterbeispie-len, wie Bafög bei unterschiedlicher Einkommenshöhe be-rechnet wird. Holen Sie den Bafög-Antrag so früh wie mög-lich ab, gleich nach der Immatrikulation, und kümmern Sie sich rechtzeitig um die Einkommensnachweise, normalerweise die Steuererklärung oder Gehaltsabrechnung der Eltern. Je später Sie Ihren Antrag einreichen, umso länger kann sich die Zahlung verzögern.

Als Bafög-Empfänger dürfen Sie in den ersten drei Semestern das **Studienfach wechseln**, wenn Sie einen wichtigen Grund angeben können. Sonst verfällt der Anspruch auf Bafög. Danach ist ein Wechsel und der weitere Bezug von Bafög nur noch unter ganz wenigen unabweisbaren Gründen möglich. Wenn Sie Ihr Studium wechseln wollen, nehmen Sie zuvor Kontakt mit der Zentralen Studienberatung auf.

Nach vier Semestern müssen Sie beim Bafög-Amt einen **Leistungsnachweis** einreichen. Darin bestätigt Ihnen der Bafög-Beauftragte Ihres Faches, dass aufgrund Ihrer im bisherigen Studium erbrachten Leistungen ein Studienabschluss zu erwarten ist. Dass Sie also nicht einfach nur rumbummeln und die günstigen Krankenkassenbeiträge für Studenten ausnutzen. Die Studienleistungen (Scheine), die Sie für diesen Leistungsnachweis erbringen müssen, sind von Fach zu Fach unterschiedlich und nur in ganz wenigen Studiengängen identisch mit denjenigen Scheinen, die Sie für die Meldung zur Zwischenprüfung erbracht haben müssen. Erkundigen Sie sich rechtzeitig nach den erforderlichen Scheinen beim Bafög-Beauftragten, der für Ihr Studienfach zuständig ist.

@ **www.bafoeg.bmbf.de**

Im Unterschied zum staatlichen Bafög werden **Stipendien** von den verschiedensten Stiftungen vergeben. Manche sind politisch oder religiös ausgerichtet, wenden sich an Begabte, an Bedürftige oder andere Gruppen.

@ **www.studienstiftung.de**
www.inwent.org
www.stiftungsindex.de

Kindergeld gibt es während der ersten abgeschlossenen Berufsausbildung, längstens bis zum siebenundzwanzigsten Geburtstag plus Wehr- bzw. Zivildienst. Für die ersten drei Kinder beträgt das Kindergeld derzeit 154 Euro, für weitere Kinder sind es 179 Euro. Es zählen dabei nur Kinder, die ebenfalls Kindergeld bekommen. Das Einkommen der Kinder darf dabei eine bestimmte, sich jährlich ändernde Grenze nicht überschreiten, 2005 liegt sie bei 7680 Euro im Jahr. Unterhaltszahlungen der Eltern, Erziehungsgeld und Leistungen aus der Pflegeversicherung gelten in diesem Fall nicht als Einkommen, sehr wohl aber der Sold von Wehrdienst- und Zivildienstleistenden sowie die Ausbildungsvergütung.

@ **www.klicktipps.de/kindergeld.htm**

Tipps und Tricks

✐ Der Hemingway-Trick: Lassen Sie beim Schreiben von wissenschaftlichen Arbeiten immer ein kleines Stück Wissen für den nächsten Tag übrig. Dann haben Sie abends das beruhigende Gefühl, dass es weitergeht, und sitzen am nächsten Morgen nicht mit leerem Kopf vor dem blanken Bildschirm.

🖉 Buchtipp: »Wie man eine wissenschaftliche Abschlussarbeit schreibt«, von Umberto Eco.

🖉 In Kleinanzeigen von Stadtzeitungen wird die Mitarbeit und Hilfe bei wissenschaftlichen Texten angeboten. Diese Ghostwriter schreiben gegen ein sehr gutes Honorar eine komplette Abschlussarbeit. Das ist nicht legal. Fliegt der Schwindel auf, sind Sie Ihren Titel los.

🖉 Vorsicht auch, wenn Sie aus anderen Arbeiten abschreiben, Zitate fälschen oder ganze Passagen aus dem Internet kopieren. Man wird öfter erwischt, als man denkt!

🖉 Während des Studiums entstehen oft lebenslange Freundschaften und ein Netzwerk, das sich im späteren Berufsleben als nützlich erweisen wird. Machen Sie Fotos von den neuen Freunden. Zwanzig Jahre später werden Sie mit ihnen Tränen weinen: »So jung waren wir damals!«

Arbeitsleben

Vor langer Zeit hing in der U-Bahn ein christliches Plakat, auf dem geraten wurde, sich mit seinen Fragen an Jesus zu wenden. Ein Zyniker kritzelte darunter: Warum gibt es Lohnarbeit? Gute Frage. Warum können wir nicht alle in Deckstühlen aus Mahagoni unter tropischer Sonne liegen? Und endlich mal ein gutes Buch lesen? Während der Horizont ganz weit hinten genau dasselbe macht wie wir – nämlich gar nichts.

Warum gibt es Lohnarbeit? Diese Frage wurde vor langer, langer Zeit gestellt. Es war in Westberlin, und da wimmelte es von ultraprogressiven Studenten, die systemkritische Sprüche auf christliche Plakate schmierten. Inzwischen kennen wir die Antwort, warum es Lohnarbeit gibt: Um unsere Brötchen zu verdienen, Dummi.

Arbeit ist ja manchmal gar nicht so schlimm. Manche sind heilfroh, sich nicht auf einsamen Inseln tödlich langweilen zu müssen, sondern im Großraumbüro in ein Telefon zu schreien und damit eine Menge Geld zu verdienen. Das Problem: Man muss nicht nur arbeiten, man muss sich auch noch bewerben. Und das kann ganz schön in Arbeit ausarten.

Eine Lehrstelle suchen

Grundsätzlich kann eine Ausbildung an jedem Tag im Jahr beginnen, doch normalerweise fängt das Lehrjahr am ersten August oder am ersten September an. Bewerben Sie sich ein Jahr früher, zum Ende Ihres vorletzten Schuljahres. Der Beginn eines Schuljahres ist in den Betrieben die heiße Phase für die Ausbildungsplatzvergabe des nächsten Jahres.

Die *Ausbildungsstellen* können Sie beim Arbeitsamt erfahren, auch die Handwerkskammer und die Industrie- und Handelskammer bieten oft auf ihren Internetseiten eine Ausbildungsbörse an.

@ **www.h-online.net/texte/hwkkarte.htm**
  www.diht.de/inhalt/ihk

Sie können auch direkt bei einem Betrieb, für den Sie sich interessieren, anrufen und nachfragen, ob zurzeit ein Ausbildungsplatz frei ist.

Bewerben Sie sich schriftlich mit der Kopie des letzten Schulzeugnisses, einem Passfoto und einem Lebenslauf. Letzterer ist naturgemäß bei jungen Berufsanfängern nicht besonders lang. Dazu schreiben Sie eine kurze *Bewerbung*, dass Sie einen Ausbildungsplatz in diesem Beruf suchen. Es macht sich gut, wenn Sie begründen, warum Sie gerade in diesem Betrieb arbeiten wollen: zum Beispiel weil Ihnen die Firma empfohlen wurde, wegen der Aufstiegschancen, der Allroundausbildung, wegen des eigenverantwortlichen Arbeitens oder der Spezialisierung. Erwähnen Sie auch, falls Sie vielleicht schon etwas Erfahrung mitbringen, ebenso Hobbys, ehrenamtliche Tätigkeiten, Erfahrungen bei der Bundeswehr, beim Zivildienst oder im elterlichen Betrieb. Die Bewerbung kann handschriftlich oder am PC verfasst werden. Achten Sie auf korrekte Rechtschreibung und den richtigen Adressaten, in der Regel die Ausbildungs- oder Personalabteilung bzw. der Meister in einem kleineren Betrieb. Und vergessen Sie nicht Ihren Absender. (Wie eine Bewerbung im Einzelnen aussieht, ist ab Seite 58 beschrieben.)

Wenn zahlreiche Bewerbungen eingehen, laden die meisten Betriebe nur die Bewerber mit den besseren Zeugnissen zu einem *Eignungstest* ein. Wer ihn besteht, darf zu einem *Vorstellungsgespräch*. Hier sollte man natürlich pünktlich sein, einen guten Eindruck machen und glaubhaft klar machen, dass man den Ausbildungsplatz unbedingt will. Wer sagt, eigentlich wollte er ja Kfz-Mechaniker werden, aber das hat nicht geklappt, der verringert unnötig seine Chancen. Engagierte Bewerber nimmt jede Firma lieber.

Erkundigen Sie sich vorher über den Betrieb: Was stellt er her? Wer sind seine Kunden? Welche Aufgaben erwarten Sie? Wie sieht es zurzeit in der Branche aus? Wie steht der Aktienkurs? Eine kleine Internetrecherche und ein Besuch auf der *Website des Unternehmens* sind einfache Möglichkeiten, bei einem Vorstellungsgespräch Punkte zu machen. Schauen Sie ruhig auch vor dem Einstellungsgespräch schon einmal persönlich beim Betrieb vorbei. Dann kennen Sie die Adresse, und Ihr Gang über den Hof wirkt sicherer, wenn Sie wissen, wo Sie

hinmüssen. Auch den Handwerksbetrieb sollten Sie vorher unauffällig unter die Lupe nehmen.

Sind Sie vor Beginn einer Ausbildung noch nicht achtzehn
Jahre alt, dürfen Sie einen Ausbildungsplatz nur dann annehmen, wenn Sie in den letzten vierzehn Monaten ärztlich untersucht wurden. Der Arbeitgeber muss das überprüfen.

Wichtig! Sollten Sie sich mehrfach beworben haben und
einen Ausbildungsplatz bekommen haben, sagen Sie unbedingt
sofort alle anderen Ausbildungsplätze ab. Sonst rechnet der Betrieb fest mit Ihnen, und ein anderer Bewerber findet keine
Lehrstelle.

@ **www.arbeitsagentur.de**
www.berufsstart.de
www.job.de
www.jobworld.de
www.arbeit-fuer-junge.de

Praktikum

Kurzfristige Schnupperkurse gewähren einen Einblick in das
Arbeitsleben und sind manchmal der Beginn einer wunderba-
ren Laufbahn. Die Entlohnung ist gering bis nicht vorhanden.
Ganze Heerscharen dieser modernen Sklaven leisten ein unbezahltes Praktikum nach dem anderen ab, um vielleicht einmal
in einem wirklichen Arbeitsverhältnis zu landen. Achten Sie
darauf, dass Sie tatsächlich etwas lernen und nicht nur ausge-
nutzt werden. Erkundigen Sie sich vorher, ob in dieser Branche
oder in dem speziellen Betrieb Einstiegsmöglichkeiten beste-

hen oder ob Praktikanten in Folge eingesetzt werden, um einen Arbeitsplatz einzusparen. Arbeitslose erhalten oft vom Arbeitsamt Unterstützung, wenn sie als Berufseinstieg ein unbezahltes Praktikum antreten, auch wenn sie kein Anrecht auf Arbeitslosenhilfe haben.

Natürlich macht man sich in jedem Betrieb über Praktikanten lustig. Geben Sie sich trotzdem Mühe, zeigen Sie Engagement, seien Sie ein pünktlicher und zuverlässiger Praktikant, lassen Sie sich aber auch nicht alles gefallen. Und am Ende verlangen Sie ein Zeugnis.

@ **www.unicum.de/praktikum**
   www.oei.fu-berlin.de/~praktika

Die Ausbildungszeit

Normalerweise dauert eine Lehre drei Jahre. Für Abiturienten und Realschüler kann die Lehrzeit um ein ganzes bzw. um ein halbes Jahr verkürzt werden. Einen Rechtsanspruch darauf gibt es allerdings nicht. Die *Probezeit* währt ein bis drei Monate, währenddessen kann Ihnen jederzeit ohne Angabe von Gründen gekündigt werden. Danach ist eine *Kündigung* nur bei schweren Verstößen oder ständigen kleineren Regelwidrigkeiten möglich, zum Beispiel wegen des beliebten Zuspätkommens. Auszubildende können den Ausbildungsvertrag nur kündigen, wenn sie den Beruf wechseln oder eine andere Ausbildung anfangen. Wenn Sie schwanger werden, ruht das Ausbildungsverhältnis, und nach den normalen Mutterschutzzeiten können Sie die Ausbildung fortsetzen. Das Gleiche gilt für die Bundeswehr: Haben Sie nämlich vergessen, dem Kreiswehrersatzamt mitzuteilen, dass Sie eine Ausbildung begonnen haben, kann der Bund Sie holen.

Auszubildende müssen neben der Arbeit im Betrieb die **Berufsschule** besuchen, es gilt die Schulpflicht. Berufsschule wird in Teilzeit oder in Blöcken abgehalten, zum Beispiel zwei Wochen Betrieb, eine Woche Schule.

Während der Ausbildung führen Sie ein **Berichtsheft**. Das sollten Sie durchaus ordentlich führen, denn ein späterer Arbeitgeber schaut es sich vielleicht an. Berufskleidung wird vom Arbeitgeber gestellt.

Sind Sie unter achtzehn Jahre alt, gilt für Sie das **Jugendarbeitsschutzgesetz**. Sie dürfen nicht länger als acht Stunden am Tag und nicht mehr als vierzig Stunden in der Woche arbeiten. Wenn Sie unter sechzehn Jahre alt sind, haben Sie dreißig Werktage im Kalenderjahr **Urlaub**, unter siebzehn siebenundzwanzig, unter achtzehn fünfundzwanzig, und mit der Volljährigkeit gilt das Bundesurlaubsgesetz mit seinen vierundzwanzig Urlaubswerktagen. Plus eventuell tariflich zusätzlich vereinbarter Urlaubstage. Samstage gelten als Werktage. Wer unter achtzehn ist, darf am Samstag und an Sonn- und Feiertagen nicht arbeiten – außer in der Gastronomie.

Nach einem halben Jahr Betriebszugehörigkeit können Sie sich in den **Betriebsrat** wählen lassen.

Die **Ausbildungsvergütungen** schwanken extrem je nach Beruf. Eine Modistin (Hutmacherin) verdient im ersten Lehrjahr nur 128 Euro im Monat, auch Damen- und Herrenschneider, Gold- und Silberschmiede bekommen kaum mehr. Edelsteingraveure, Flexografen und Drucker dürfen mit dem Dreifachen rechnen. Am meisten verdienen jedoch Versicherungskaufleute, Maurer und Gerüstbauer, deren Durchschnittsvergütung während der Lehrzeit um die 800 Euro beträgt.

 www.handwerkskammer-freiburg.de

Die Prüfung

Am Ende der Ausbildung steht eine praktische und eine theoretische Prüfung. Der theoretische Teil ist meist schriftlich, manchmal auch mündlich. Sie können die Prüfung nach einem halben Jahr wiederholen und dann noch einmal nach weiteren sechs Monaten.

Auch als Externer können Sie bei der zuständigen Kammer eine Prüfung ablegen, wenn Sie nachweisen können, dass Sie mindestens die doppelte Lehrzeit den Beruf ausgeübt haben, also in der Regel nach sechs Jahren.

Haben Sie im Ausland einen Beruf erlernt, können Sie das Abschlusszeugnis bei einer staatlichen Gleichstellungsstelle für ausländische Zeugnisse anerkennen lassen. Rufen Sie dazu die Stadtverwaltung an, oder wenden Sie sich an die Industrie- und Handelskammer bzw. die Handwerkskammer.

Waren Sie fünf Jahre lang geschäftsführend in einem Betrieb tätig, können Sie auch ohne Meisterprüfung oder Diplom einen Antrag auf Ausbildungsbefähigung stellen. Zum Beispiel wenn Sie eine Buchhandlung besitzen.

Andere Arten des Arbeitens:
Wehrdienst, Zivildienst, freiwilliges Jahr, Aupair

Mit siebzehn Jahren erhält man als junger Mann vom örtlichen Kreiswehrersatzamt ein Schreiben, in dem steht, dass man für den *Wehrdienst* erfasst worden ist. Später wird man zur *Musterung* bestellt. Bei der Musterung wird der allgemeine Gesundheitszustand getestet. Wer nicht tauglich ist, wird entweder ausgemustert oder zurückgestellt. Ein ärztliches Attest kann vorgelegt werden.

Ist man als tauglich befunden worden, ergeht ein *Einberufungsbefehl*, und man hat sich am festgelegten Termin in der Kaserne einzufinden. Die Wehrpflicht beginnt mit achtzehn Jahren, bis fünfundvierzig kann man zu Wehrübungen eingezogen werden. Normalerweise wird man nur bis zum fünfundzwanzigsten Lebensjahr eingezogen. Endgültig Schluss ist mit zweiunddreißig Jahren – danach kann man nicht mehr einberufen werden.

Für Terminänderungen, Verschiebungen, ärztliche Atteste und die Verweigerung des Wehrdienstes ist das *Kreiswehrersatzamt* der Ansprechpartner. Melden Sie dort unbedingt, wenn Sie eine Ausbildung oder ein Studium beginnen. Dort kann man auch Wünsche für den Einsatzort oder die Waffengattung angeben.

Der neunmonatige Wehrdienst kann am Stück oder in Etappen abgeleistet werden. Zuerst sechs Monate Grundausbildung und dann nach Absprache. Die Bundeswehr kümmert sich um Kleidung und Verpflegung.

In den ersten drei Monaten beziehen Sie rund 222 Euro *Sold* im Monat, in den letzten drei Monaten bekommen Sie in der Regel als Obergefreiter 268,50 Euro. Hinzu kommen Zuschläge, wenn Ihr Zuhause weiter als dreißig Kilometer entfernt von der Kaserne liegt. Alle Bezüge sind steuerfrei. Wer sich für einen zwei bis maximal vierzehn Monate längeren Dienst verpflichtet, erhält einen höheren Sold. Es gibt Weihnachts- und Entlassungsgeld. Jedem Wehrpflichtigen steht ein bestimmter Betrag zur Fortbildung zu. Unter Umständen kann man bei der Bundeswehr den Führerschein machen. Wer schon Auto fahren kann, hat gute Aussichten auf den Lkw-Führerschein.

Als Soldat ist man immer im Dienst. Normalerweise endet er in den ersten Wochen spätestens um 22 Uhr, später dann um 16 Uhr. Danach ist Freizeit bis zum Zapfenstreich um 22 Uhr bzw. 23 Uhr. Freitag Schlag 12 kehrt Ruhe ein in den Kasernen. Da darf die Bundesrepublik nicht angegriffen werden.

Über das Wochenende kann man umsonst mit der Bahn nach Hause fahren. Andere Bahnfahrten kosten nur die Hälfte.

@ **www.bundeswehr.de**

Wer den Wehrdienst verweigert, muss *Zivildienst* leisten. Man kann jederzeit den Dienst bei der Bundeswehr verweigern. Dazu schreibt man kurz an das zuständige Kreiswehrersatzamt: »Sehr geehrte Damen und Herren, hiermit möchte ich aus Gewissensgründen den Wehrdienst verweigern. Mit freundlichen Grüßen.«

Auf eine Extraseite schreiben Sie Ihren Lebenslauf, fügen ein polizeiliches Führungszeugnis bei sowie eine genaue Begründung, warum Sie aus Gewissensgründen den Dienst mit der Waffe verweigern. Hier helfen Friedensgesellschaften bei der Formulierung.

Als Zivildienstleistender sind Sie denselben Rechten und Pflichten unterworfen wie als Wehrdienstleistender. Sie bekommen Sold, sind sozialversichert und dürfen umsonst mit der Bahn nach Hause fahren.

Es gibt viele unterschiedliche Bereiche des Zivildienstes, und man kann sich bei den einzelnen Stellen bewerben. Ein Wechsel der Stelle ist möglich, dauert aber seine Zeit und ist unpraktisch, weil man wieder neu eingearbeitet werden muss. Bei einigen Stellen kann man seinen Dienst schneller ableisten, etwa durch Betreuung eines Schwerbehinderten.

@ **www.zivi.org**
www.zivildienst.org
www.zentralstelle-kdv.de

Anerkannte Wehrdienstverweigerer können auch ein *freiwilliges soziales* oder *ökologisches Jahr* als Zivildienst absolvieren. Der Vorteil: Dort sind Mädchen, denn das freiwillige Jahr wird überwiegend von jungen Frauen zwischen sechzehn und siebenundzwanzig Jahren genutzt. Es beginnt im Anschluss an die Sommerferien. Man ist sozialversichert, bekommt ein monatliches Taschengeld und am Ende ein Zeugnis. Für soziale Berufe ist das freiwillige Jahr ein guter Einstieg und wird oft als Vorpraktikum anerkannt. Auskunft über Stellen gibt es beim Arbeitsamt, dem Deutschen Roten Kreuz oder den Kirchen.

@ **www.freiwilliges-jahr.de**

Die Arbeit als *Aupair* besteht aus Kinderbetreuung und Haushaltshilfe, also kochen, bügeln, einkaufen, Windeln wechseln. Ein Aupair ist kein Dienstmädchen, es soll helfen, aber keine Arbeitskraft ersetzen. Im Vordergrund steht die Sprachausbildung im Gastland. Arbeiten in einem Geschäft oder in der Landwirtschaft sind keine Aupair-Aufgaben.

Es gibt seriöse und weniger seriöse Vermittler. Erkundigen Sie sich genau, woran Sie sind. Bei der Gastfamilie sollten Sie ein eigenes Zimmer und freie Verpflegung haben, mindestens 205 Euro, ab dem 1. 1. 2006 260 Euro, *Taschengeld* im Monat erhalten, eine Sprachschule besuchen können und ein bis zwei Tage in der Woche frei bekommen. Urlaub und Freizeit richten sich nach den Bedürfnissen der Gastfamilie. Die Arbeitszeit sollte nicht mehr als dreißig Stunden wöchentlich betragen, an zwei bis drei Abenden ist Babysitten angesagt. Der Aufenthalt sollte mindestens sechs Monate dauern, die Gastfamilien wünschen sich eher eine längere Dauer.

@ **www.aupair-gansert.com/infos/arbeitsamt_
info-aupair.html**

Wie man Arbeit findet:
Die hohe Kunst der Bewerbung

Die Bewerbung um eine Arbeitsstelle ist ein höfisches Ritual.
Sie müssen die Regeln kennen und sich daran halten. Eine Bewerbung ist keine Selbstverwirklichung. Eine Bewerbung besteht aus einem Anschreiben, einem Foto und einer Mappe mit
Lebenslauf und Zeugnissen.

Von der äußeren Form her sollte eine Bewerbung nicht zu
ausgefallen sein. Benutzen Sie gutes DIN-A4-Papier, weiß und
nicht zu dünn (etwa 100-g-Papier). Knicken Sie keine der
Unterlagen. Der robuste Briefumschlag muss etwas größer sein
als DIN A4. Und natürlich korrekt adressiert, inklusive Absender, und ausreichend frankiert.

Lebenslauf und Zeugnisse kommen in eine Mappe. Diese
sollte nicht zu schlapp und billig wirken. Suchen Sie sich im
Schreibwarenladen eine stabile Mappe aus, in die man zum
Beispiel Plastikhüllen einlegen kann. Dann müssen Sie die
Unterlagen nicht lochen, das sieht besser aus. Bewährt haben
sich Klemmhefter – die sind allerdings nicht billig. In der Map-
pe heften Sie Lebenslauf und Arbeitszeugnisse ab. Das neueste
Zeugnis kommt ganz nach oben, das älteste nach unten.

Das Anschreiben

Geschäftsbriefe wie das Anschreiben haben ein ganz bestimm-
tes Gesicht. Im obersten Drittel stehen der Absender, das Datum und der Empfänger. Geschäftsbriefe werden oft zweimal
gefaltet, damit sie in längliche Kuverts passen. Niemals vierteln!

Achten Sie darauf, dass die Anrede »Sehr geehrte Damen und Herren« nicht auf einem Knick landet.

Auch wenn Sie das Anschreiben nicht falzen, halten Sie sich an diese Drittel-Regel. Das Schreiben beginnt mit dem Absender, also Ihrer vollständigen Postanschrift und Telefonnummer. Es folgen Datum, gern rechtsbündig, und der Adressat, also die vollständige Anschrift der Firma, bei der Sie sich bewerben.

Dann kommt die Betreff-Zeile. Aber nicht »Betreff« davor schreiben, das ist altmodisch. Hier nennen Sie kurz den Grund der Bewerbung: »Ihre Anzeige vom …«, oder bei einer Blindbewerbung: »Bewerbung als …« Bis hierhin sollte, wie bei allen Geschäftsbriefen, das obere Drittel der Seite gefüllt sein.

Nach der Betreffzeile folgt ein kleiner Abstand und dann die Anrede. Wenn Sie Ihren Ansprechpartner kennen, schreiben Sie natürlich nicht »Sehr geehrte Damen und Herren«, sondern den Namen inklusive eventuellem Titel. Nach der Anrede setzen Sie ein Komma, lassen eine Leerzeile Zwischenraum und schreiben klein weiter.

Achten Sie auf eine klare Gliederung des Textes, und schreiben Sie nicht zu eng. Machen Sie Absätze, und lassen Sie rechts und links einen Rand, etwa vier Zentimeter links, drei Zentimeter rechts.

Schreiben Sie kurze und präzise Sätze. Vermeiden Sie nichts sagende Floskeln wie »innovativ«, »kommunikativ«, »Organisationstalent« und »dynamisch«. Auch Allerweltsformulierungen wie »Hiermit bewerbe ich mich« oder »Ihre Anzeige interessiert mich« klingen teigig und banal.

Das Anschreiben ist der schwierigste Part einer Bewerbung.

Sie müssen sowohl regelkonform bleiben und sich gleichzeitig individuell abheben von den Tausenden anderen Bewerbungen. Dabei dürfen Sie nicht zu nassforsch klingen, aber eben auch nicht zu langweilig. Wie beim Design für einen Mittelklassewagen müssen Sie die Standards wahren und den Durchschnittsgeschmack ansprechen und doch einen gewissen Kick haben, sodass man sich für Sie und nicht für den anderen »Mittelklassewagen« entscheidet. Übertreiben Sie jedoch nicht. Auch wenn es manchmal schwer zu schlucken ist: Die Firmen halten Sie nicht für den Erlöser, auf den sie jahrelang gewartet haben.

Fabulieren Sie nicht zu ausufernd, also nicht länger als eineinhalb Seiten. Gehen Sie auf die Anforderungen des möglichen Arbeitgebers ein und erklären Sie, warum gerade Sie für Ihren Wunscharbeitgeber der richtige Kandidat sind. Beschreiben Sie Ihre bisherigen Tätigkeiten, dann Ihre besonderen Fähigkeiten und Kenntnisse. Beweisen Sie Engagement und dass Ihre Qualifikationen und Interessen den Erwartungen des Unternehmens entsprechen. Begründen Sie, warum Sie unbedingt bei dieser Firma arbeiten möchten. Dazu sind natürlich Kenntnisse über das Unternehmen wichtig. Schauen Sie sich deshalb die Website des Unternehmens an, lesen Sie Zeitungsartikel über die Branche.

Auch wenn es nicht leicht fällt, sollten Sie sich noch bei der hundertsten Bewerbung Mühe geben und nicht einfach jedes Mal denselben Brief verschicken. Sie brauchen ja nicht einen komplett neuen Brief aufzusetzen, aber wechseln Sie manche Komponenten aus und gehen Sie immer auf das Spezielle der Firma ein.

Oft werden Ihre *Gehaltswünsche* erfragt. Erkundigen Sie sich, was je nach Qualifikation und Berufserfahrung in der Branche üblich ist. Verkaufen Sie sich nicht unter Wert – das erhöht nicht Ihre Einstellungschancen.

@ **www.gehaltscheck.de**

Teilen Sie Ihren frühestmöglichen Eintrittstermins mit. Und schreiben Sie im Schlusssatz, dass Sie sich über eine Einladung freuen würden. Dann setzen Sie eine Leerzeile und schließen »Mit freundlichen Grüßen«. Unterschreiben Sie leserlich mit Ihrem Vor- und Nachnamen. Darunter kann Ihr Name noch in Klammern gedruckt stehen.

Unten links listen Sie diejenigen Unterlagen auf, die Sie Ihrem Anschreiben beifügen. Das Anschreiben gehört nicht in die Mappe, sondern wird lose auf die Mappe gelegt bzw. mit einer Büroklammer oben festgesteckt.

Das Foto

Von diesem ersten Eindruck hängt sehr viel ab! Das Bild sollte im Format etwas größer als ein Passfoto sein, professionell aufgenommen und möglichst schwarz-weiß. Bei liberaleren Arbeitgebern kann es auch ein sympathischer Schnappschuss sein. Stecken Sie das Foto rechts oben mit einer Büroklammer an den Lebenslauf oder – mit Namen und Adresse auf der Rückseite – an das Deckblatt der Bewerbungsmappe. Oder gleich vorn an das Anschreiben.

Der Lebenslauf

Es eignet sich eine zweispaltige, großzügige Excel-Tabelle. Links stehen die Jahresangaben, rechts die Ereignisse: Geburt, Schule (mit höchstem Abschluss), Wehr- oder Zivildienst, Ausbildung (mit Abschlüssen), Berufserfahrung bzw. Praktika, Neben- und Aushilfsjobs. Der Aufbau sollte in jedem Fall tabellarisch sein. Am meisten verbreitet ist die chronologische Variante, von der Schule bis heute. Aus den Vereinigten Staaten kommt der Trend, die Chronologie umzudrehen – zuerst das Wichtigste, nämlich Ihre jetzige Stellung, bis hinunter zur Schulzeit. Vermeiden Sie unbedingt Fließtext, etwa »... wurde ich als Tochter von ... geboren«.

Ein Lebenslauf darf auch länger als eine Seite sein.

Ihre Biografie soll möglichst lückenlos erscheinen. Fehlen ein paar Jahre, wird der Arbeitgeber misstrauisch. Waren Sie in dieser Zeit etwa im Gefängnis? Retten Sie sich mit vorübergehender Selbstständigkeit, Fortbildung oder Hausfrauentätigkeit. Aber wappnen Sie sich gegen kritische Fragen im Vorstellungsgespräch.

Wer Familie hat, sollte auch Namen und Beruf des Partners nennen. Eine Frau, die eine Babypause eingelegt hat, steht immer noch besser da, wenn sie für diese Zeit »Hausfrau« angibt anstatt gar nichts.

Bei Männern werden Familie und Kinder als stabiler Hintergrund und deshalb positiv betrachtet. Frauen haben es da schwerer. Mütter sind verdächtig, weil sie sich vielleicht mehr um die Kinder als um den Beruf kümmern. Bei kinderlosen Frauen drohen andererseits jederzeit eine für den Arbeitgeber lästige und teure Mutterschaftspause und der Wunsch nach Teilzeitarbeit.

Berufsanfänger können mit ehrenamtlicher Tätigkeit punkten. Man zeigt damit Verantwortung und soziales Engagement.

Nicht in den Lebenslauf gehört die Konfessionszugehörigkeit, es sei denn, ein kirchlicher Arbeitgeber verlangt in seiner Stellenanzeige ausdrücklich diese Angabe. Auch die Mitgliedschaft in einer Partei oder Gewerkschaft hat im Lebenslauf nichts zu suchen.

@ www.erfolgreicher-bewerben.de

Arbeitszeugnisse

Egal, wie alt sie sind – Arbeitszeugnisse sind immer wichtig! Lassen Sie sich also unbedingt nach jeder Tätigkeit ein Zeugnis ausstellen. Sie beweisen damit auch, dass Sie wirklich gearbeitet haben und nicht alles frei erfunden ist.

Es existiert dieses uralte Gerücht, dass in Arbeitszeugnissen geheime Botschaften stecken. »Er war sehr sozial« bedeute etwa, er quatscht viel und arbeitet nicht. Das ist Unsinn. War der Arbeitgeber nicht mit Ihnen zufrieden, hagelt es vielleicht nicht so viele Superlative im Zeugnis.

Nur wer noch keine Arbeitszeugnisse besitzt, sollte Schulzeugnisse oder Ausbildungsabschlüsse vorlegen. Mit Diplom braucht man kein Abiturzeugnis mehr zu präsentieren. Immer den höchsten Ausbildungsabschluss als Zeugnis beifügen.

Keine unverlangten Arbeitsproben beilegen, außer bei kreativen, publizistischen oder wissenschaftlichen Berufen.

Verschicken Sie niemals die Originalzeugnisse, sondern nur Kopien – und zwar in einwandfreiem Zustand. Wenn Firmen beglaubigte Kopien Ihrer Zeugnisse verlangen, wenden Sie sich an Ihr Einwohnermeldeamt, die entsprechenden Schulen oder das Studentensekretariat.

Manchmal wird auch ein *polizeiliches Führungszeugnis* verlangt. Dieses erhalten Sie beim Einwohnermeldeamt. Allerdings sollten Sie dafür eine Wartezeit von etwa zwei Wochen einkalkulieren.

Bewerbung in den USA

Mit ein paar kleinen, aber feinen Unterschieden ähneln amerikanische Bewerbungsschreiben sehr stark den deutschen. Wichtig: Kein Foto beilegen, das ist nicht politically correct! Um dem Arbeitgeber seine ethnische Abstammung nicht zu verraten, werden auch nicht die Namen der Eltern angegeben. Der Lebenslauf wird rückwärts aufgeschrieben: Oben ist man doppelt promovierter geschäftsführender Manager, unten Kindergarten-Kid. Die Amerikaner legen viel Wert auf die Ausbildungs- und Studienorte, deren Renommee zählt mit. Bewerber in den USA machen in ihrem Lebenslauf zusätzliche Aussagen über die beruflichen Ziele: »In drei Jahren möchte ich Abteilungsleiter werden.« Oder: »Mein Ziel ist es, die Firma von Platz fünf auf Platz drei zu bringen.« Um zu beweisen, dass Sie das können, berichten Sie von Ihren vergangenen Erfolgen: »Es ist mir gelungen, in zwei Jahren den Ausschuss bei der Produktion um 20 Prozent zu senken.«

Vom Umfang her sollte der amerikanische Lebenslauf eine

Seite nicht überschreiten. Kopien der Zeugnisse werden in aller Regel nicht eingereicht. Auch in den USA wird auf korrekte Rechtschreibung geachtet.

Das Vorstellungsgespräch

Es dauert meist nicht lange. Wichtig ist deshalb der erste Eindruck. Sind die Schuhe geputzt, sitzen die Strümpfe, ist das gebügelte Hemd bzw. die Bluse eingesteckt, ist die Krawatte gerade gebunden und reicht nicht über den Hosenbund, sind keine Flecken auf Anzug oder Kostüm? Sind Sie gut rasiert, frisiert und deodoriert, haben Sie nicht zu viel Rasierwasser/Parfum aufgetragen und tags zuvor keinen Knoblauch gegessen?

Dann also hinein in die Höhle des Löwen. Frohen Mutes und mit offenem Blick. Begrüßen Sie den Personalchef mit Handschlag und Anrede. Jackett nicht ablegen. Sie dürfen das Büro loben: »Schön haben Sie es hier.« Warten Sie, bis Sie zum Sitzen aufgefordert werden. Beine nicht übereinander schlagen, Arme nicht vor der Brust verschränken. Lassen Sie den Gesprächspartner ausreden, und sehen Sie ihm in die Augen. Fummeln Sie nicht in Ihrem Gesicht herum, streichen Sie sich nicht durch die Haare und knipsen Sie auch nicht mit den Fingernägeln.

Sie sollten über die Firma und die Branche informiert sein und diese Kenntnisse geschickt einfließen lassen. Nicht zu forsch auftreten, aber auch nicht zu schüchtern. Vermeiden Sie das Entschuldigung-dass-es-mich-gibt-Lachen. Beim Abschied wieder Handschlag und Namen des Gesprächspartners wiederholen: »Auf Wiedersehen Herr/Frau …« (Merken Sie sich den Namen Ihres Gesprächspartners!)

Wenn man (k)eine Arbeit hat:
Vom ersten Arbeitstag bis zur Arbeitslosigkeit

Stellen Sie sich an Ihrem ersten Arbeitstag vor: »Ich bin der (oder die) Neue.« Merken Sie sich den Namen der Kollegen und deren Funktion. Fragen Sie ruhig nach, wenn Sie einen Namen vergessen haben. Fragen Sie die Kollegen, was sie im Betrieb machen.

Stellen Sie Fragen. Als Anfänger dürfen Sie das. Später ist es peinlich. Wo ist was? Das Archiv? Die Buchhaltung? Das Lager? Welche Abteilung ist wofür zuständig? Wo ist die Telefonliste? Wie funktioniert der Kopierer, das elektronische Lesegerät, die Espressomaschine, der Drehturmkran? Wann ist Arbeitsbeginn, Mittagspause, Feierabend?

Seien Sie zu allen freundlich. In jedem Betrieb gibt es »Türöffner«, Personen, die den Ablauf verwalten: Büroleiter, Redaktionsassistenten, Sekretärinnen, Einsatzplaner. Stellen Sie sich gut mit ihnen, auch wenn sie weniger verdienen. Es wird Ihnen irgendwann nützen. Und verbünden Sie sich mit den anderen Berufsanfängern. Es ist der Beginn Ihres Netzwerkes.

@ **www.arbeitsrecht.de**

Ärger und wie man ihn vermeidet

Gibt es Probleme am Arbeitsplatz, schreiben Sie ein Protokoll über die laufenden Ereignisse. Suchen Sie wenn möglich die persönliche Aussprache. Bleiben Sie dabei sachlich. Führen Sie das Gespräch so, dass Ihr Gegenüber eine Chance hat, die Situation zu bereinigen. Auch wenn Sie bei dieser Gelegenheit nicht alle Vorwürfe und Kränkungen anführen können. Nach einer Generalabrechnung liegt nur zerbrochenes Porzellan herum. Schreiben Sie keinen Brief! Denn da stehen dann schwarz auf weiß Formulierungen, die Ihnen vielleicht später Leid tun oder die schlimmer klingen, als sie gemeint waren. Ein Brief kann bei einem arbeitsrechtlichen Prozess gegen Sie verwendet werden. Wenden Sie sich an den Betriebsrat oder die Gewerkschaft, auch wenn Sie nicht Mitglied sind. Geben Sie keinen Anlass, Sie abzumahnen. Liegt Ärger in der Luft, müssen Sie absolut pünktlich am Arbeitsplatz erscheinen. Und führen Sie kein einziges Privatgespräch vom Diensttelefon – das ist ein Kündigungsgrund. Ebenso das Surfen im Internet, das private Kopieren oder die Mitnahme von Briefumschlägen. Auch wenn das bisher üblich und geduldet war und andere Kollegen weiterhin telefonieren und kopieren.

Grundsätzlich gilt, dass Firmeninterna nicht in alle Richtungen weitererzählt werden dürfen. Arbeitsbesprechungen und Kostenpläne sind Betriebsgeheimnisse. Schummeln Sie nicht bei Spesenabrechnungen, das kann noch Jahre später verhängnisvolle Folgen haben.

Niederlassungsfreiheit in der EU

Wenn ein EU-Bürger in seinem Heimatland für seinen Beruf qualifiziert ist, darf er diesen Beruf auch in allen anderen Mitgliedsstaaten ausüben. Zumindest theoretisch. Für die meisten reglementierten Berufe besteht auf Gemeinschaftsebene ein allgemeines System zur Anerkennung der Qualifikation.

Reglementierte Berufe sind geschützte Begriffe. Man darf sich nur mit einer speziellen Ausbildung Gärtner oder Gartenarchitekt nennen. Jeder kann sich aber Gartengestalter, Journalist, Dentalberater, Webdesigner oder Finanzanalyst auf die Visitenkarte drucken.

Wenn Sie im Ausland einen reglementierten Beruf ausüben wollen, zum Beispiel als Lehrerin, Rechtsanwalt, Ingenieurin oder Psychologe, müssen Sie bei den zuständigen Behörden des Landes, in dem Sie tätig werden wollen, die Anerkennung des jeweiligen Berufsabschlusses bei einer *Gleichstellungsstelle für ausländische Zeugnisse* beantragen. Das Gleiche gilt in Deutschland für im Ausland erworbene Berufsqualifikationen. Die Behörden haben vier Monate Zeit, den Antrag zu bearbeiten. Wenn Ihr Berufsabschluss erheblich von den Anforderungen im Gastland abweicht und Sie obendrein kaum Berufserfahrung haben, wird eventuell ein Lehrgang oder eine Eignungsprüfung verlangt. Allerdings darf nur eine dieser Zusatzmaßnahmen gefordert werden.

Bei Ärzten, Krankenpflegern, Hebammen, Tierärzten, Apothekern oder Architekten wird der Abschluss automatisch anerkannt, sodass diese in jedem Mitgliedsland der EU arbeiten können. Die Abschlüsse für diese Berufe sind auf europäischer Ebene (mit Ausnahme der Architekten) bereits in einem Mindestmaß koordiniert.

Ausländische Handwerker, die sich in Deutschland niederlassen wollen, müssen eine dreijährige Ausbildung absolviert und drei Jahre als Selbstständiger oder Betriebsleiter gearbeitet haben; oder sechs Jahre ununterbrochen selbstständig tätig gewesen bzw. einen Betrieb geleitet haben; oder drei Jahre selbstständig und fünf Jahre als Unselbstständiger ihren Beruf ausgeübt haben. Es gibt zum (Un-)Glück furchtbar viele Verordnungen, die der beliebigen Niederlasserei einen Riegel vorschieben: Handwerker müssen zum Beispiel in Belgien eine Haftpflichtversicherung und Unfallversicherung abschließen, eine Unbedenklichkeitsbescheinigung der Krankenkasse vorweisen und dem Finanzamt vielleicht noch ein polizeiliches Führungszeugnis vorlegen, um die in Belgien vorgeschriebene Registrierungsnummer zu erlangen. Außerdem muss ein ausländischer Handwerker seine Meisterprüfung bzw. Berufserfahrung gegenüber dem belgischen Mittelstandsministerium nachweisen. Dann darf er aber immer noch nicht arbeiten. Zahlreiche der Unterlagen muss er vorher nochmals vorlegen, diesmal beim belgischen Mehrwertsteuerfinanzamt.

Gegen diese Beschränkungen des freien Dienstleistungsverkehrs ist das Europäische Arbeitsgericht eingeschritten. Handwerker, die ihren Beruf auch auf der anderen Seite einer Grenze ausüben wollen, mal flugs Klempnerarbeiten in Österreich oder Dänemark erledigen wollen, dürfen durch diese Vorschriften nicht behindert werden. Wenn sie im eigenen Land zu dieser Arbeit berechtigt sind, dürfen sie das auch im Nachbarland. Erst wenn sie sich richtig niederlassen, gelten all die zuvor aufgeführten Vorschriften.

@ **www.europa.eu.int/business**

www.europa.eu.int/comm/internal_market/services/
index_de.htm

Kleinanzeigenjobs

Bei den Stellenangeboten der Tageszeitungen tummeln sich oft erstaunliche Angebote: Hoher Nebenverdienst von Zuhause aus – und das ohne Berufserfahrung. Dahinter stecken dann meist Telefonvermarkter. Man muss ein überteuertes Produkt verkaufen oder in einer Drückerkolonne von Haustür zu Haustür pilgern, um seine Provision zu bekommen. Vorsicht bis Hände weg von allen Anzeigen ohne Jobbeschreibung. Niemals 0190- oder 0900-Nummern anrufen. Agenturen und Makler, die von Ihnen Geld für ein Seminar, eine Modelkarte oder sonst eine Investition verlangen, sind unseriös.

Auch von Briefen oder Produkten, die im Schneeballsystem vertrieben werden, sollte man unbedingt die Finger lassen: Sie kaufen einen Anteil und finden zehn neue Käufer, von denen jeder ebenfalls zehn Abnehmer findet usw. Natürlich findet man keine zehn Abnehmer und bleibt am Ende auf dem sinnlosen Zeug sitzen. Schneeballsysteme sind dazu noch illegal.

Sich selbstständig machen

Deutschland hat die geringste Selbstständigenquote in Europa und vermutlich auch weltweit. Wer selbstständig arbeitet, ist ein Unternehmer, egal, ob er Angestellte beschäftigt oder sich allein gerade so durchschlägt. Sie müssen sich selbst um Ihre Kranken- und Rentenversicherung kümmern, Sie sind nicht arbeitslosenversichert, und um einen Überziehungskredit bei der Bank zu bekommen, müssen Sie sich mehr anstrengen als jemand, der vielleicht weniger, dafür aber beruhigend regelmäßig verdient. Sie brauchen keine Lohnsteuerkarte. Rufen Sie

Ein Beruf für Notfälle: Panflötenspieler. Mit Ihrem bisherigen Beruf hat es nicht geklappt? Werfen Sie sich einen Poncho um, setzen Sie sich eine Zipfelmütze auf und kaufen Sie sich eine Panflöte. Sie brauchen nur ein Lied spielen zu können: El condor pasa.

stattdessen Ihr Finanzamt an, das teilt Ihnen eine *Einkommensteuernummer* zu. Als Selbstständiger können Sie erheblich mehr von der Steuer absetzen, vorausgesetzt, das Finanzamt kann Gewinnabsichten erkennen und sieht Ihre Arbeit nicht als Hobby an. Wenn Sie vorher arbeitslos waren, hilft Ihnen möglicherweise das Arbeitsamt mit Rat und Geld (!). Schaffen

71

Sie Arbeitsplätze außer Ihrem eigenen, ist eventuell eine För-
derung möglich. Wollen Sie ein Gewerbe gründen oder Handel treiben, holen Sie sich unbedingt Rat bei den Kammern
(IHK oder Handwerkskammer). Die werden sich sonst selbst
melden und Beiträge von Ihnen verlangen.

Arbeitslosengeld

Geld vom Arbeitsamt kann nur bekommen, wer Beiträge zur
Arbeitslosenversicherung gezahlt hat. Berufsanfänger, Studenten, arbeitslose Beamte oder Selbstständige also nicht.

Innerhalb der letzten drei Jahre müssen Sie 360 Tage gearbeitet haben, jedoch nicht unbedingt am Stück. Wenn Sie selbst
kündigen oder abgefunden werden, ruht der Anspruch auf Arbeitslosengeld für einige Zeit. Arbeitslosengeld erhalten Sie abhängig von Ihrem Alter und der Zeit, die Sie gearbeitet haben.

Arbeitslos meldet man sich beim **örtlichen Arbeitsamt**, und
zwar persönlich. Holen Sie sich einen Vordruck »Arbeitsbe-
scheinigungen« vom Arbeitsamt – das Formular füllt dann Ihr
Arbeitgeber aus –, und mit Ihrer Lohnsteuerkarte und eventuell auch dem Sozialversicherungsausweis melden Sie sich
dann beim Arbeitsamt arbeitslos. Sie füllen einen Antrag aus
und warten auf die Bewilligung des Arbeitslosengeldes. Das
kann etwas dauern. Sie können bereits zwei Monate vor Ihrer
Arbeitslosigkeit diesen Antrag stellen, wenn Sie die Kündigung
schon in der Tasche haben. Dann müssen Sie nicht so lange auf
das Geld warten.

Arbeitslose müssen sich regelmäßig beim Arbeitsamt melden, ihren Urlaub beantragen, zu ärztlichen und psychologi-

schen Untersuchungen erscheinen und sämtliche Nebenein-
künfte angeben. Vom Arbeitsamt angeordnete Weiterbildungs-
maßnahmen müssen Sie annehmen, ebenso dürfen Sie die vom
Arbeitsamt vermittelten Vorstellungsgespräche nicht versäu-
men. Bei jedem dieser Termine muss der potenzielle Arbeitgeber Ihnen bestätigen, dass Sie sich vorgestellt haben. Über jedes
Vorstellungsgespräch berichten Sie Ihrem Sachbearbeiter. Das
Arbeitsamt kann darüber hinaus von Ihnen verlangen, sich auf
Stellenanzeigen hin zu bewerben. Auch dafür müssen Sie Beweise vorlegen. Zumutbare Arbeit müssen Sie annehmen. Un-
rechtmäßig bezogene Leistungen kann das Arbeitsamt von Ihnen zurückfordern.

Arbeitslosengeld II, Hartz IV und Sozialhilfe

Wenn Sie kein Arbeitslosengeld mehr bekommen, in der Regel nach einem Jahr, tritt Hartz IV in Kraft. Die bisherige Arbeitslosenhilfe und die Sozialhilfe für Erwerbsfähige werden
zum Arbeitslosengeld II zusammengelegt. Das beantragen Arbeitslose bei der Bundesagentur für Arbeit (Arbeitsamt) und
Sozialhilfeempfänger im Sozialamt der Kommune (die Adresse
finden Sie im Branchenbuch unter dem Eintrag »Stadtverwaltung«).

Geld können nur Bedürftige bekommen. Besitzen Sie zu
viel, müssen Sie alles erst ausgeben.

Das bekommen Sie:

Singles im Westen 345 Euro, im Osten 331 Euro, Paare im Westen 622 Euro bzw. 596 Euro im Osten.

Ein Jahr lang gibt es für Langzeitarbeitslose eine Übergangs-zahlung.

Zuschläge für werdende Mütter, Alleinerziehende, Behin-derte und »Diätkosten«, falls eine spezielle Ernährung notwen-dig ist.

Wohngeld, d. h. Miete inkl. Heizung oder die Zinszahlun-gen für das Eigenheim, nicht aber die Tilgungsraten.

Das wird angerechnet:

Eigenes Vermögen und Einnahmen.

Einkommen inkl. Rente des Lebenspartners, egal, ob verhei-ratet oder nicht.

Briefmarkensammlung, Kunst, Erbstücke, Schmuck.

Wer sein Vermögen beim Antrag auf Arbeitslosengeld II nicht korrekt angibt oder es unter die Matratze steckt, kann wegen Betruges angezeigt werden.

Das dürfen Sie behalten:

Pro Lebensjahr ein Guthaben von 200 Euro, d. h. ein 25-Jähri-ger 5000 Euro.

Eine Kapitallebensversicherung in derselben Höhe.

Fernseher, Möbel, Hausrat, ein angemessenes Auto (Wert bis 5000 Euro).

Die Riester-Rente.

So retten Sie Ihr Geld:

Haben Sie zu viel auf dem Konto, zahlen Sie alle Schulden ab.

Kaufen Sie evtl. Möbel oder ein gebrauchtes Auto.

Denken Sie über die so genannte Rürup-Rente nach, diese Leibrente müssen Sie auch oberhalb der Grenze von 200 Euro pro Lebensjahr nicht auflösen.

Das gilt als zumutbar:

Sie müssen nahezu jede Arbeit annehmen, auch Minijobs, sonst drohen Kürzungen.

Jugendliche unter 25 Jahren kann sogar die gesamte Unterstützung gestrichen werden.

Die Wohnung darf nur angemessen groß sein, für einen Single sind es 45–50 qm, für jeden Mitbewohner ca. 15 qm zusätzlich. Das liegt jedoch im Ermessen des Sachbearbeiters, kaum jemand wird wegen 3 qm zu viel umziehen müssen.

Wer gewinnt? Wer verliert?

Erwerbsfähige Sozialhilfeempfänger können mehr dazu verdienen.

Langzeitarbeitslose bekommen erheblich weniger. Oder nichts, wenn der Partner gut verdient.

Zuverdienste werden prozentual angerechnet. Von einem 400-Euro-Minijob bleiben leider nur noch 100 Euro übrig. Studenten und Rentner können sich jetzt diese Jobs schnappen und morgens Zeitungen austragen.

@ **www.bundesregierung.de/hartz-IV**
www.ueberbrueckungsgeld.de
www.siedlerbund.de/bv/on11771

Tipps und Tricks

❦ Polizisten sind von der Wehrpflicht befreit.

❦ Homosexualität ist kein Grund zur Befreiung vom Wehrdienst.

❦ Wer sich für sechs Jahre beim Technischen Hilfswerk (THW)
verpflichtet, muss keinen Zivil- oder Wehrdienst ableisten.
Dafür wird man einige Jahre an den Wochenenden zum
Katastrophendienst eingezogen.

@ **www.thw.de/mitwirken**

❦ Buchtipp: Die Standardliteratur für die professionelle Bewerbung ist das »Bewerbungshandbuch« von Jürgen Hesse
und Hans Christian Schrader.

❦ Bei Handwerksbetrieben können Sie mit Ihrer Bewer-
bungsmappe auch persönlich vorbeischauen. Oder rufen
Sie an und fragen Sie, ob die Stelle noch frei ist und ob es
Sinn macht, auf einen kurzen Besuch vorbeizukommen.

❦ Bewerbungen kosten viel Geld für Kopien, Foto, Versand-
material, Porto etc. Sie können sich diese Kosten vom Arbeitsamt bzw. Sozialamt erstatten lassen oder sie von der
Steuer absetzen.

❦ Absagen auf Bewerbungen kommen per Post, Zusagen in
der Regel am Telefon.

❦ Auch wenn Sie Arbeit haben, besteht ein Anspruch auf Sozialhilfe, nämlich wenn Sie zu wenig verdienen. Das betrifft
meist Alleinerziehende.

Steuerfragen

Wir sind alle Steuerzahler. Schon vom ersten Taschengeld, das wir am Kiosk ausgeben, geht etwas an das Finanzamt. Unsichtbar ist in jedem Preis die Mehrwertsteuer versteckt. So unsichtbar, dass wir es kaum spüren. Neben diesen indirekten Steuern gibt es noch die direkten. Die muss man aktiv zahlen. Von dem schönen selbst verdienten Geld rauscht ein Teil einfach davon wie Wasser durch den Abfluss der Wanne. Das vorher so gesund aussehende Monatseinkommen, die Zahlen auf der Lohnsteuerkarte, sie lösen sich in Luft auf, sind Fata Morgana. Es stimmt: Das Geld wird bezahlt, aber es kommt nie bei uns an.

Der Steuersatz wird nach dem Einkommen berechnet. Geringer Verdienende zahlen einen niedrigeren Steuersatz, je mehr man verdient, desto höher steigen die Prozentzahlen. Das Einkommen ist der Gewinn nach Abzug der vom Finanzamt anerkannten Ausgaben. Die Einnahmen zu berechnen ist relativ einfach: Das ist alles, was auf das Konto kommt. Seien es Lohn, Mieteinnahmen, Zinsen, Arbeitslosengeld, Renten, Verkaufserlöse, Erbschaften, Schenkungen, Lizenzen, Patente. Steuerfrei sind Einkünfte bis 400 Euro monatlich (so genannte Minijobs), Gewinne aus Glücksspiel und die Sozialhilfe.

Schwieriger wird es bei der Berechnung der vom Finanzamt anerkannten Ausgaben. Es gibt unendlich viele Regeln und mindestens doppelt so viele Ausnahmen. Nicht umsonst ist über die Hälfte der Steuerfachliteratur, die weltweit erscheint, in Deutsch.

Die Lohnsteuerkarte

Jeder, der in einem Angestelltenverhältnis arbeitet, also nicht selbstständig ist, braucht eine Lohnsteuerkarte. Diese bekommt man beim *Einwohnermeldeamt*, bei dem man gemeldet ist. Die Adresse steht unter »Stadtverwaltung« im Telefonbuch. Hat man als Berufsanfänger oder als neu Hinzugezogener einmal die Lohnsteuerkarte beantragt, wird sie einem jedes Jahr automatisch zugeschickt. Falls nicht, anrufen. Denn Sie sind für Ihre Lohnsteuerkarte verantwortlich.

Lohnsteuerklasse eins gilt für Singles ohne Kinder. Lohnsteuerklasse zwei für Singles mit Kindern. Lohnsteuerklasse drei für den besser verdienenden Ehegatten, das heißt, er oder sie verdient mindestens 60 Prozent des gemeinsamen Einkommens. Verdienen beide etwa gleich viel, sind beide in der Lohnsteuerklasse vier veranlagt. In der fünften Lohnsteuerklasse befindet sich der schlechter verdienende Ehepartner. Hat man mehr als ein Arbeitsverhältnis gleichzeitig, bekommt man beliebig viele Lohnsteuerkarten mit der Lohnsteuerklasse sechs. Jedes Jahr wechselt die Farbe der Karte. Die Lohnsteuerkarte gibt man seinem Arbeitgeber, und darauf wird das Einkommen eingetragen. Wechselt man den Job oder wird entlassen, bekommt man seine Karte zurück.

Am Ende des Jahres gibt man in der Personalabteilung seine neue Karte ab, und die alte wird einem ausgehändigt. Mit ihr kann man den so genannten *Lohnsteuerjahresausgleich* machen. Die allgemeine Steuererklärung kriegt man mit ein bisschen Mühe selber hin, oder man geht zu einem Steuerberater oder einem Lohnsteuerhilfeverein. Sie können ruhig auch das Finanzamt aufsuchen oder dort anrufen und beispielsweise fragen, ob und in welcher Höhe Sie Fahrtkosten als Ausgaben abziehen können. Im Finanzamt sitzen keine Monster, die Sie belügen und betrügen, nur um möglichst viel Geld abzuzocken.

Kirchensteuer

9 oder 8 Prozent der Lohn- oder Einkommensteuer – je nach Bundesland – entfallen auf die Kirchensteuer. Mit der Taufe werden Sie Mitglied der Kirche Ihrer Eltern. Wenn Sie wechseln oder austreten wollen, gehen Sie zum Standesamt (Personalausweis mitbringen). Ihre Lohnsteuerkarte wird dann aktualisiert. Der Wiedereintritt ist möglich.

Selbstständiges Einkommen

Selbstständige Handwerker, Rechtsanwälte, Ärzte, Künstler, Publizisten, Kaufleute und alle, die ihr Einkommen von Auftraggebern, Klienten oder Kunden beziehen, gelten als selbstständig bzw. freiberuflich. Sie brauchen eine *Einkommensteuernummer*, und die bekommt man beim Finanzamt. Einfach anrufen und sagen: »Guten Tag, ich bin professioneller

Marionettenspieler und hätte gern eine Einkommensteuernummer.«

Es gibt *zwei Arten von Selbstständigen:* die Gewerbetreibenden, sie brauchen einen *Gewerbeschein* vom Ortsamt, Abteilung für Gewerbetreibende, und die Freiberufler, die künstlerisch tätigen und beratenden Menschen, zum Beispiel Journalisten, Schriftsteller, Musiker, Ärzte, Rechtsanwälte, Steuerberater usw. Manchmal ist es nicht ganz einfach zu definieren, wo eine künstlerische Tätigkeit beginnt. Es muss auf jeden Fall eine Vorbildung vorhanden sein. Nicht jeder, der einen Volkshochschulkurs für Seidenmalerei besucht hat und auf dem Weihnachtsmarkt bunte, selbst gemachte Schals verkauft, wird vom Finanzamt als Künstler angesehen.

Man kann natürlich auch beides haben, einen festen Job mit Lohnsteuerkarte und ein Gewerbe. Also in seiner Freizeit Stoffpuppen über das Internet verkaufen oder als Schlagzeuger in einer Festzeltband spielen. Für dieses Einkommen brauchen auch anderweitig Angestellte eine Einkommensteuernummer. Und Sie können den Verlust aus Ihrer künstlerischen Tätigkeit steuermindernd absetzen. Allerdings muss das Finanzamt Gewinnabsichten erkennen. Bei Berufsanfängern ist es da die ersten Jahre kulant, aber wer nach drei oder fünf Jahren immer noch bloß Verluste einfährt, bei dem schreit das Finanzamt schon mal »Stopp!«. Die teuren Kameras und Computer werden dann als Hobby und nicht mehr als Investitionen in ein Gewerbe angesehen.

Achtung! Viele Selbstständige haben sich schon ruiniert, weil sie nicht mit der *Einkommensteuer* gerechnet haben. Sie starten ein kleines Unternehmen, machen Goldschmiedearbeiten oder sind als Fremdenführer tätig und geben das Geld einfach aus. Irgendwann kommt ein Steuerbescheid. Dann müssen nachträglich die inzwischen angefallenen Steuern bezahlt werden plus eine Vorauszahlung für die im laufenden Jahr anfallenden Steuern. Das heißt, auf einen Schlag sind die Steuern für drei, manchmal sogar vier Jahre fällig! Ganz schlimm ist es, wenn man dann keine Belege für Ausgaben und Einnahmen hat. Dann schätzt das Finanzamt das Einkommen – und Sie können sicher sein, die schätzen nicht zu Ihren Gunsten.

Also sammeln Sie konsequent *Belege* für alle Einnahmen und Ausgaben: Restaurantbesuche, Geschenke, Pizzaservice, Porto, Reinigungsmittel, Taxi, öffentlicher Nahverkehr, Fahrkarten, Fachliteratur, Bürobedarf, Reisen, Hotel, Kontogebühren, Möbel, Farbe, Computer… Achten Sie dabei auf die ausgewiesene Mehrwertsteuer. Zu den nicht absetzbaren Ausgaben zählen Fernsehgebühren, Tageszeitungen, Strafzettel oder Bafög-Rückzahlungen.

Und bilden Sie Rücklagen. Besonders wenn Sie neu im Geschäft sind und noch nicht wissen, welche Steuersummen einmal fällig werden.

Ein weiteres Missverständnis: Viele verrechnen sich, wenn sie sagen, dies und das setze ich von der Steuer ab. Wenn Sie eine Bewirtungsquittung beim Finanzamt einreichen, wird nicht der Steuerbetrag um diese Summe verringert, sondern die Einnahmen. Eine Restaurantrechnung über 20 Euro führt nicht zu 20 Euro weniger Steuern. Gemindert wird lediglich die auf den Gewinn entfallende Einkommensteuer in Höhe von etwa

20 Prozent bis zu 45 Prozent. Auch Unternehmen geben nicht sinnlos Geld aus, um Steuern zu sparen. Jede Investition sollte sich in Zukunft lohnen.

Mehrwertsteuer/Umsatzsteuer

Ab einem Jahresumsatz von 16 620 Euro sind Kleinunternehmer mehrwertsteuerpflichtig. Umsatz sind alle betrieblichen Einnahmen. Sie können sich aber auch unter dieser Grenze für eine Veranlagung zur Umsatzsteuer, das ist dasselbe wie Mehrwertsteuer, entscheiden. Das bedeutet, Sie berechnen dann Mehrwertsteuer, was sich oft lohnt, aber mit Bürokratie verbunden ist.

Beim Finanzamt bekommen Sie eine *Umsatzsteuernummer* oder eine *Umsatzsteuer-Identifikationsnummer* – letztere brauchen Sie nur bei grenzüberschreitenden Geschäften innerhalb der EU. Diese Nummer geben Sie auf den schönen Formularen der Umsatzsteuer-Voranmeldung an. Je nach Höhe Ihres Umsatzes müssen Sie Ihren Umsatz jährlich, dreimonatlich oder monatlich anmelden und die fällige Mehrwertsteuer entrichten.

Jede Ihrer Rechnungen muss mit Mehrwertsteuer erhoben werden, und diese Mehrwertsteuer müssen Sie auch bei der Steuererklärung angeben! Dort wird die von Ihnen eingenommene Umsatzsteuer gegen die von Ihnen ausgegebene verrechnet. Akzeptieren Sie keine Quittungen ohne ausgewiesenen Mehrwertsteuervermerk. Es kann sonst sein, dass das Finanzamt Ihnen diese Umsatzsteuer nicht erstattet, obwohl Sie sie beim Einkauf bezahlt haben.

Es gibt zwei **Mehrwertsteuersätze**: Normalerweise sind es 16 Prozent, für künstlerische Leistungen, Literatur und Lebensmittel beträgt sie 7 Prozent.

Die Mehrwertsteuer rechnet man folgendermaßen aus: Um 16 Prozent draufzuschlagen, multiplizieren Sie den Betrag mit 1.16 (bzw. 1.07 bei 7 Prozent). Wollen Sie die Mehrwertsteuer aus einem Betrag ziehen, dividieren Sie den Betrag durch 1.16 (bzw. 1.07).

Nicht alles jedoch ist mit Mehrwehrsteuer behaftet: Porto, Versicherungen, Gebühren sind mehrwertsteuerfrei. Mieten in der Regel auch. Gleiches gilt für Rechnungen aus dem Ausland sowie Rechnungen, die Sie an eine ausländische Adresse stellen, ebenfalls, sofern der Abnehmer im Ausland eine Privatperson ist. Sollte der Abnehmer eine Umsatzsteuer-Identifikationsnummer haben, muss diese aufgezeichnet werden, und die Lieferung ist umsatzsteuerfrei. Dafür gibt es eine besondere Zeile in der Umsatzsteuer-Voranmeldung!

Bahnfahrkarten haben unter fünfzig Kilometer eine andere Mehrwertsteuerhöhe, nämlich 7 Prozent, als nach dem fünfzigsten Kilometer, da sind es 16 Prozent. Und wie ist es bei ärztlichen Nebenleistungen, Banner-Werbung im Internet, Geschenkgutscheinen bei Weihnachtsfeiern, treuhänderischen Anlagen, Verpachtung von Staatsjagden? Will das jemand wissen? Sind Jongleure, Zauberer, Märchenerzähler, Synchronregisseure, Beleuchter, Layouter, Webmaster, Stylisten künstlerisch tätig und zum verminderten Umsatzsteuersatz von 7 Prozent veranlagt? Kann ich meinen Dackel als Jagdhund von der Steuer absetzen? Rufen Sie bitte das Finanzamt an.

Die Einkommensteuererklärung

Egal, ob Sie auf Lohnsteuerkarte arbeiten oder selbstständig sind, einmal im Jahr ist eine Einkommensteuererklärung fällig. Sie brauchen dafür ein Formular vom Finanzamt. Das gibt es auch im Internet unter:

@ **www.elster.de**

Arbeiten Sie auf Lohnsteuerkarte, dann benötigen Sie außerdem die Anlage N, als Selbstständiger die Anlage GSE. Beim Finanzamt erhalten Sie auch eine Anleitung zur Einkommensteuererklärung.

Auf der ersten der vier Seiten (ohne Anlage) der Steuererklärung werden *allgemeine Angaben* verlangt: Name, Geburtsdatum, Wohnort. Füllen Sie grundsätzlich nur die weißen Felder aus, nicht die grünen.

Auf der zweiten Seite wird zuerst nach Ihren *Einkünften* gefragt. Haben Sie Einkünfte aus Kapitalvermögen (Zinsen), so kreuzen Sie die Zeile 32 an und füllen eine Anlage KAP aus. Wenn Sie keine nennenswerten Einkünfte aus Kapitalvermögen haben, lassen Sie diese Zeile leer. Genauso verfahren Sie mit den Zeilen 29, 33, 34 (Spekulationsgewinne aus Aktienverkäufen – wird inzwischen überprüft! –, Land- und Forstwirtschaft, Vermietung und Verpachtung).

Wichtig sind nun die Zeilen 30 oder 31. Kreuzen Sie die richtige Zeile an: 31, wenn Sie eine Lohnsteuerkarte haben, 30, wenn Sie selbstständig tätig sind.

Der Rest der zweiten Seite betrifft Sonderregelungen. Wenn Sie Kinder haben, ist noch Zeile 36 wichtig.

Die dritte Seite ist mit **Sonderausgaben** überschrieben. In Zeile 63 müssen Sie den Betrag aus Feld 23 Ihrer Lohnsteuerkarte eintragen. In den Zeilen 67 bis 71 tragen Sie alle freiwilligen Vorsorgeversicherungen ein, zum Beispiel Berufsunfähigkeitsversicherung und Krankentagegeldversicherung. Nicht aber Kfz-, Hausrat- oder Rechtsschutzversicherung. Zeile 72 bis 78 sind wieder Sonderfälle. In Zeile 79 kommt die gezahlte Kirchensteuer. Ausschlaggebend ist dabei das Jahr, in dem Sie die Steuer bezahlt haben, nicht, wann sie fällig war.

In Zeile 80 kommen die Ausgaben für steuerliche Beratung: Steuerberater, Steuersoftware, Fachliteratur. Es müssen unbedingt Autor, Titel und Preis auf der Quittung stehen. Wichtig: Für alles Belege beifügen; es reicht dafür eine Fotokopie!

Die Zeilen 81 und 82 sind für Studenten und Auszubildende interessant. Hier wird branchenspezifische Fortbildung angegeben. Das können auch Kochkurse sein, aber keine allgemeinen Sprachkurse – es sei denn, Sie belegen einen Kurs für Wirtschaftsenglisch. Auch hier Belege als Kopie beifügen.

Die Quittungen für Spenden, die Sie in Zeile 84 bis 91 absetzen, müssen jedoch im Original beiliegen.

Auf der vierten Seite können Sie **außergewöhnliche Belastungen** von der Steuer absetzen: wenn Sie Angehörige pflegen, Heimkosten bezahlen oder die Fahrtkosten für den Besuch bei den Eltern im Altersheim. Reicht der Platz in den dafür vorgesehenen Feldern im Formular nicht aus, einfach »lt. Anlage« schreiben und ein zusätzliches Blatt Papier beilegen.

In den Feldern 116 bis 119 können Kosten für die eigene Gesundheit eingetragen werden: Akupunktur, Massagen, Brillen, Kontaktlinsenflüssigkeit, Psychotherapie, Zahnersatz, Rezeptgebühr, Einzelzimmerzuschlag im Krankenhaus. Allerdings werden die Ausgaben erst ab 3 Prozent des zu versteuernden Einkommens anerkannt.

Das war es. Gar nicht so schwierig, oder? Jetzt kommen noch die Anlagen.

Anlage N

Dieses zusätzliche Formular brauchen nur Lohnsteuerkartenbesitzer. Und zwar jeder Ehegatte. Auf der ersten Seite werden die Angaben Ihres *Lohns* eingetragen. Diese können Sie Zeile für Zeile von der Lohnsteuerkarte übernehmen.

Auf der zweiten Seite können Sie *Werbungskosten* geltend machen. Das sind jene Ausgaben, die Sie tätigen mussten, um Ihrer Arbeit nachzugehen. Bis auf die Fahrtkosten müssen alle diese Ausgaben belegt werden.

Die Zeilen 31 bis 41 betreffen Fahrtkosten zum Arbeitsplatz. Das kann der normale Arbeitsplatz sein oder ein kurzfristiger Einsatzort, zum Beispiel eine Fortbildungsstätte. Wenn Sie sich nicht mehr an die exakten Entfernungen erinnern können und auch nicht mehr ganz genau wissen, ob Sie nun zehn oder zwölf Tage auf der Baustelle in der anderen Stadt verbracht haben, dann schätzen Sie einfach. Aber übertreiben Sie nicht. In Zeile 41 müssen Sie die Fahrtkostenzuschüsse des Arbeitgebers laut Lohnsteuerkarte Zeile Nummer 17 oder 18 eintragen.

Gewerkschaftsbeiträge und andere Beiträge für Berufsge-
nossenschaften kommen in Zeile 42.

Nun wird es schwieriger. Was vom Finanzamt als Aufwendungen für *Arbeitsmittel* anerkannt wird, ist eine Wissenschaft
für sich. Und zwar eine Geheimwissenschaft. Grundsätzlich
gilt, es müssen Gegenstände und Kosten sein, die für Ihren Beruf erforderlich sind und die nicht vom Arbeitgeber gestellt
werden. So wird der Blaumann und dessen Reinigung anerkannt, auch der Talar des Pastors. Fernsehmoderatoren jedoch
dürfen ihre höheren Garderobekosten nicht absetzen. Wie ist es
mit dem Arztkittel? Dem langen Mantel von technischen
Zeichnern? Oder dem Computer für Lehrer, dem Videorekor-
der für Filmkritiker, der Sonnenbrille des Schiffskapitäns, dem
Deodorant des Kellners, dem Werkzeugschuppen des Tischlers
oder der Aktentasche des Außenhandelsvertreters? Besonders
heikel ist die Anerkennung eines häuslichen Arbeitszimmers.
Bei diesen Kosten gibt es oft Streit zwischen Finanzamt und
Steuerzahler. Fragen Sie deshalb am besten Kollegen, rufen Sie
eine Berufsgenossenschaft an, oder schlagen Sie in der Steuerfachliteratur nach.

Üben Sie einen Beruf aus, bei dem Sie herumfahren müssen, so füllen Sie die Zeilen 46 bis 50 für die *Fahrtkosten* aus.
Wenn Sie acht oder mehr Stunden vom normalen Einsatzort
entfernt waren, bekommen Sie *Verpflegungspauschale*. Denn
Sie können ja nicht wie sonst in die Kantine gehen.

Sind Sie auf Montage oder müssen gar eine *Wohnung* nehmen, um arbeiten zu können, ist die letzte Viertelseite der Anlage N auszufüllen. Zum Beispiel, wenn Sie umziehen, aber Ihr

Lebenspartner, der mit Ihnen zusammenwohnt, erst einmal in der alten Heimat bleibt. Oder Ihre Arbeit ist nur kurzfristig, und Ihr bisheriger Wohnort bleibt Lebensmittelpunkt.

Anlage GSE

Diese Anlage gilt für alle *Selbstständigen*. Die erste Seite betrifft Gewerbetreibende, die Rückseite füllen Freiberufler aus. Berufsanfänger sollten für ihre erste Steuererklärung mit Anlage GSE professionelle Hilfe suchen. Zum Beispiel bei einem Steuerberater. Denn hier geht es um die Abschreibung von Investitionsgütern, den Zweitkühlschrank für das Arbeitszimmer in der eigenen Wohnung eines Webdesigners, die Zahnpasta als Reinigungsmittel für Goldschmiede, es geht um Halbeinkünfteverfahren und Veräußerungsgewinne wegen Berufsunfähigkeit.

Nach der ersten Steuererklärung mithilfe eines Steuerberaters fühlen Sie sich vielleicht fit genug, es das nächste Mal selbst zu versuchen. Am besten mit Steuerfachliteratur oder einem Softwareprogramm, das es für jeden Berufszweig gibt.

Ehegattensplitting

Ehepaare werden steuerlich zusammen veranlagt. Das gemeinsame Einkommen wird durch zwei geteilt und muss dementsprechend versteuert werden. Das spart Steuern, wenn ein Partner gar nichts oder wesentlich weniger verdient. Verdienen beide gleich viel, gibt es für das Heiraten keine Steuervorteile.

Betriebsprüfung und Steuerhinterziehung

An das Finanzamt werden neben der Steuererklärung nur die Spendenquittungen und die ärztlichen Mehrausgaben im Original eingereicht. Die anderen Belege bleiben bei Ihnen. Das Finanzamt glaubt Ihnen, dass Sie wirklich zu Hause ein Arbeitszimmer benutzen und den Computer für das Geschäft brauchen – ohne eine Rechnung gesehen zu haben. Manchmal glaubt das Finanzamt Ihnen aber nicht. Dann führt es eine Betriebsprüfung durch. Oder Sie werden zufällig als Stichprobe ausgewählt. Dann müssen Sie die gesamten Belege vorweisen können. Heben Sie deshalb die Aktenordner mit den *Quittungen* zehn Jahre auf. Und auch die Kontoauszüge.

Bewirtungsquittungen, die nicht ordnungsgemäß ausgefüllt sind, also mit Namen der bewirteten Personen inklusive Sie selbst (!) und Anlass der Einladung, werden nicht anerkannt.

Es kann sein, dass das Finanzamt nicht alle Ausgaben anerkennen will. Dem können Sie genauso widersprechen wie bei allen Ihrer Meinung nach zu hoch erhobenen Steuern. Handelt es sich dabei um größere Summen, sollten Sie einen Steueranwalt hinzuziehen.

Gar nicht gern sieht das Finanzamt, wenn Sie Ihr Einkommen nicht vollständig angegeben haben. Das ist nämlich Steuerhinterziehung und wird bestraft. Unter Umständen sogar mit Gefängnis. Wenn Sie allerdings nur ein kleiner Sünder sind, bleibt es beim ersten Mal in der Regel bei einer Verwarnung, und Sie kommen straffrei weg oder müssen ein Bußgeld zahlen. Die Steuern müssen Sie natürlich nachzahlen. Und in Zukunft wird man Ihnen genauer auf die Finger schauen ...

Rund ums Geld

Eines der schönen Dinge am Erwachsensein ist das viele Geld. Leider Gottes ist es manchmal gar nicht so sehr viel. Und es kommt nicht nur zu einem hingeflossen – andere wollen auch nur unser Bestes.

Schade auch, dass Geld so wichtig ist. Wie leicht könnte das Leben sein, wenn man sich genauso wenig darum kümmern müsste wie um das Atmen. Das Geld würde auf dem Konto kommen und gehen wie Ebbe und Flut, und wir könnten uns mit angenehmen Sachen beschäftigen.

Geld hat obendrein ein schlechtes Image. Völlig zu Unrecht. Wie hieß es doch in der Satirezeitung *Titanic*: »Erst wenn die letzte Mark verjubelt, der letzte Schein verprasst, der letzte Groschen gefallen ist, werdet ihr merken, dass man mit Bäumen nicht bezahlen kann.«

Je älter man wird, desto wichtiger ist Geld. Es wird zum Maß für Erfolg, zum Sinn des Lebens. Erstaunlich, dass es trotzdem das große Geheimnis ist. Niemand redet gern darüber, was er verdient, gerade weil es unseren Wert als Mensch auf eine Zahl unseres Kontoauszugs reduziert. Denn eigentlich sind wir doch wesentlich wertvoller als unser Monatseinkommen. Nur die anderen wollen das einfach nicht glauben.

Bankgeschäfte

Welches ist die richtige Bank? Die reine Lehre heißt: Vergleichen Sie die *Gebührenordnung*, die in der Schalterhalle hinter dem Gummibaum hängt. Werden Gebühren für Überweisungen und EC-Karte verlangt? Wie hoch sind die Gebühren für die Kontoführung? Wichtig ist, dass Sie an möglichst vielen Bankautomaten keine Gebühr zahlen müssen, wenn Sie mit der *EC-Karte* Geld abheben.

Wie sieht es mit einem *Überziehungskredit* aus? Fragen Sie gleich am Anfang nach, noch sind Sie nicht Kunde und deshalb König. Später wird man Sie vielleicht nicht mehr so zuvorkommend behandeln. Vergleichen Sie die Angebote, denn erfahrungsgemäß wechselt man später nur ungern seine Bank.

Jede Bank hat eine *Bankleitzahl*, die BLZ mit den vielen Nullen. Das ist die Adresse der Bank. Ihre *Kontonummer* ist Ihre persönliche Adresse innerhalb der Bankleitzahl. Auf jedem Scheck, jeder Überweisung und jeder Rechnung stehen immer BLZ und Konto-Nr.

Bei *Kontoeröffnung* muss man seinen Personalausweis mitbringen. Die Banken verlangen grundsätzlich eine Unterschrift, dass über Sie eine Schufa-Auskunft eingeholt werden darf. Sie wollen sich damit absichern, dass Sie kein Kreditbetrüger, säumiger Kunde, Bankrotteur sind. Sie können die Unterschrift verweigern, schwierig wird es dann aber mit dem Überziehungskredit.

Ein *Dauerauftrag* kann jederzeit bei der Bank gekündigt werden. Eine *Einzugsermächtigung* kann ebenfalls jederzeit gestoppt werden, diesmal aber bei demjenigen, dem Sie sie zur Verfügung gestellt haben. In der Regel reicht ein unterschriebenes Fax. Abbuchungen per Einzugsermächtigung können Sie bis zu sechs Wochen später widerrufen. Beauftragen Sie Ihre Bank, die Abbuchung rückgängig zu machen.

Einen *Überziehungskredit*, auch Dispo genannt, von zwei bis drei Monatseinkommen räumt man Ihnen normalerweise ein, wenn regelmäßig Geld auf Ihr Konto fließt. Kommt jedoch einmal drei Monate lang nichts, wird der Kredit gekündigt, auch wenn Sie jahrelang 100 000 Euro verdient haben. Das macht alles die Software des Computers.

Kreditkarten bekommt heute fast jeder. Die Kosten sind je nach Anbieter und Karte unterschiedlich. American Express wird wegen der höheren Kosten von vielen Händlern nicht mehr akzeptiert. Am gebräuchlichsten sind Mastercard und Visa. Letztere wird von vielen Organisationen in speziellen Ausgaben angeboten: vom deutschen Teckel-Verband, also den Dackelzüchtern, bis zur Great-Wall-Card, die nur in China gilt. Die Zusatzdienste der Kreditkarten-Gesellschaften, wie Reiseversicherung, Lebensversicherung, Hotelbuchungen, sind in der Regel etwas teuer. Mit Kreditkarte und einer dazugehörigen PIN-Nummer können Sie auch Geld aus dem Automaten ziehen. Ein Service, der sich im Ausland bewährt hat.

Schuldenberatung

Schulden verjähren theoretisch nach drei Jahren. Auch wenn gemahnt wird. Schaltet der Gläubiger jedoch das Gericht ein, erhebt also Klage, lässt einen Mahnbescheid im Mahnverfahren zustellen oder stellt einen Antrag auf Erlass einer einstweiligen Verfügung, gerät die *Verjährung* ins Stocken. Schulden nach einem Gerichtsurteil nennt man Titel. Diese Schulden verjähren erst nach dreißig Jahren und können vererbt werden. Der Gläubiger kann seinen Titel einfordern, wenn es dem Schuldner finanziell wieder besser geht. Bei jeder erneuten Einforderung wird die Verjährung unterbrochen, und so sind lebenslange Schulden durchaus möglich.

Auch Steuern können verjähren. Ist innerhalb von vier Jahren, nachdem die Steuer entstanden ist, kein Steuerbescheid erlassen worden, so kann die Steuer nicht mehr rechtmäßig erhoben werden. Ist ein Steuerbescheid ergangen, so verjährt die Forderung, die im Bescheid festgestellt ist, nach fünf Jahren.

Haben Sie Schulden, von denen Sie glauben, Sie niemals abbezahlen zu können, wenden Sie sich an eine seriöse *Schuldnerberatung*, zum Beispiel von Diakonie, Arbeiterwohlfahrt, Caritas, den Verbraucherzentralen oder eine vom Sozialamt empfohlene. Das Bundesfamilienministerium hat eine Hotline eingerichtet (0180-5 329 329), der Anruf kostet 0,12 Euro.

Zuerst wird eine außergerichtliche *Schuldnerbereinigung* versucht. Das heißt, der Gläubiger soll auf einen Teil seiner Ansprüche verzichten, und Sie verpflichten sich zu einer Ratenzahlung. Scheitert dies, kommt es zu einer gerichtlichen

Schuldnerbereinigung. Dort wird ein Plan aufgestellt, wobei Sie Ihre gesamten Finanzen offen legen. Es wird ein *Vergleich* zwischen Schuldner und Gläubiger angestrebt.

Scheitert das ebenfalls, können Sie als Privatperson *Insolvenz beantragen*. Dazu müssen Sie sich sieben Jahre »wohl verhalten« – so der offizielle Ausdruck. Während dieser Zeit haben Sie als Schuldner den pfändbaren Teil Ihres Einkommens abzuführen, sich um Arbeit zu bemühen und jede zumutbare Arbeit anzunehmen, jeden Wohnungs- und Arbeitsplatzwechsel anzugeben und ererbtes Vermögen zur Hälfte abzuführen. Gleichzeitig ist man die ersten Jahre nicht mehr Herr über sein Vermögen und Einkommen, wie bei einer normalen Firmen-Insolvenz. Während der Wohlverhaltensperiode wird ein Treuhänder eingesetzt, der die Gelder an die Gläubiger weiterleitet und die Einhaltung der Pflichten des Schuldners kontrolliert.

Nach Ablauf der siebenjährigen Wohlverhaltensperiode erlässt das zuständige Gericht alle bisherigen Schulden, falls der Schuldner sich redlich verhalten hat. Ausgenommen von der *Schuldenbefreiung* sind Geldstrafen und Geld aus vorsätzlich gesetzeswidrigen Handlungen, also wenn Sie beispielsweise erschwindeltes Geld zurückzahlen müssen.

Nicht in jedem Fall ist die private Insolvenz sinnvoll. Lassen Sie sich deshalb vorher beraten.

@ **www.forum-schuldnerberatung.de**
www.schulden-online.de

Billig einkaufen

In *Factory Outlets* kann man direkt vom Hersteller bis zu 50 Prozent billiger einkaufen. Der Nachteil ist, dass die Outlets meist weit verstreut in der Provinz liegen und man nicht weiß, ob der Anzug gerade in der richtigen Größe vorrätig ist.

Bei Kleidung und Elektrogeräten kann man es im Laden auch mit *Herunterhandeln* versuchen. Fragen Sie freundlich, ob man beim Preis nicht noch was machen kann. Zögern Sie mit der Kaufentscheidung, bekunden Sie jedoch weiterhin großes Interesse an der Ware: »Für X Euro würde ich es nehmen.« Akzeptieren Sie dann den letzten Preis der Verkäuferin. Aber nicht mit Kreditkarte zahlen, denn dann muss der Ladenbesitzer auf weitere Prozente verzichten und bekommt sein Geld erst in sechs Wochen.

Im Ausland sind Autos oft billiger, Neuwägen in Finnland bis zu 30 Prozent. Flohmärkte, Secondhand-Läden, Auktionen im Internet oder von Fundbüros, Recycling-Höfe der städtischen Müllabfuhr, Kleinanzeigen-Zeitungen, Preisagenturen sowie Schnäppchenführer in Buchform und im Internet sind weitere Möglichkeiten, preiswert einzukaufen.

@ **www.factory-outlet-shop.de**
www.factory-outlet-italy.com
www.bellnet.de
www.ebay.de
www.zvab.com
www.jpc.de

Umtausch, Garantie, Reklamation

Gekauft ist gekauft. Ein allgemeines Umtauschrecht gibt es nicht. Auch Geschenke, die nicht passen oder nicht gefallen, müssen nicht zurückgenommen werden. Nur bei Haustür-, Abzahlungsgeschäften, Versandhandel, TV-Shopping und Internet-Kauf hat der Kunde ein generelles Rückgaberecht innerhalb von zwei Wochen. Darauf muss der Verkäufer hinweisen, sonst verlängert sich das Recht um ein Jahr.

Doch im Handel hat sich der *Umtausch* allgemein eingebürgert. Im Laden sind viele Händler bei unbenutzter Ware kulant, obwohl sie nicht zur Rücknahme verpflichtet sind. Beim Umtauschen immer Kassenbon und Originalverpackung mitbringen. Unterwäsche, Nahrungsmittel und Toilettenartikel werden nicht umgetauscht, meist auch keine Sonderverkäufe. Bei fehlerhafter Ware besteht ein Umtauschrecht: Die wetterfeste Jacke wird nass, die Waschmaschine wurde vom Lieferanten falsch angeschlossen. Diese *Gewährleistungspflicht* des Händlers gilt zwei Jahre.

Auf zahlreiche Waren wird eine *Garantie* angeboten. Sie gilt bis zu zwei Jahre nach dem Kauf für das ganze Produkt. Oder für jene Teile, die in der Garantie aufgeführt sind. In dieser Zeit kann der Kunde grundsätzlich Fehler reklamieren. Verschleiß ist jedoch kein Reklamationsgrund. Einen Gutschein für ein anderes Produkt derselben Firma müssen Sie nicht akzeptieren. Reparaturen auch nicht, es sei denn, es ist im Kaufvertrag so vereinbart. Zumutbar sind höchstens drei Reparaturen.

Garantien sind freiwillige Leistungen. Sie gehen oft weiter

als der normale Schutz. Der Händler kann seine Garantie nach eigenen Maßstäben anlegen. Man muss also das Kleingedruckte lesen!

Bei der **Reklamation** kann fehlerhafte Ware vom Verkäufer ersetzt werden. Transport und Montage trägt der Verkäufer. Scheitert der Ersatz, gibt es die Ware nicht mehr, ist der Umtausch unverhältnismäßig oder dauert zu lange, werden der Kaufpreis sowie anfallende Kosten ersetzt. Unter Umständen können Sie auch Schadensersatz verlangen, wenn fehlerhafte Ware Ihr Eigentum ruiniert. Kunde und Käufer können sich außerdem auf eine Preisreduzierung einigen.

Augen auf beim Gebrauchtwagenkauf

Kontrollieren Sie, ob Kfz-Brief und -Schein übereinstimmen. Achten Sie auf die Erstzulassung und auf bauliche Veränderungen. Stimmt die Fahrgestellnummer? (Die Motornummer ist unwichtig.)

Kontrollieren Sie, wann das letzte Mal die Bremsflüssigkeit gewechselt wurde, das sollte alle zwei Jahre passieren. Funktionieren Warnblinkanlage, Standlicht, Abblendlicht, Fernlicht, Nebelscheinwerfer, Front- und Heckscheibenwischer, Scheibenwaschanlage, Innenbeleuchtung und Gebläse?

Rost versteckt sich gern an Türschwellen, Längsträgern, Radlaufecken, Kotflügel- und Türunterkanten, außerdem unter Zierleisten, Verkleidungen und dem Bodenteppich.

Motor, Getriebe und Differenzial auch von unten auf

Ölaustritt prüfen. Weiße Ablagerungen am Deckel des Öleinfüllstutzens deuten auf undichten Zylinderkopf hin. Kühlflüssigkeit hat immer die Farbe des Frostschutzmittels, braunes Frostschutzmittel gibt es nicht.

Die Stoßdämpfer überprüft man am einfachsten durch Herunterdrücken des Wagens. Das Fahrzeug sollte nicht öfter als zweimal nachwippen. Alle vier Fahrzeugecken überprüfen.

Das Profil der Reifen (auch Ersatzrad) sollte mindestens noch vier Millimeter Tiefe besitzen. Seltsame Geräusche im Motor oder Getriebe sind ein schlechtes Zeichen.

Qualmt der Motor auch bei längerer hoher Drehzahl schwarz aus dem Auspuff, heißt das hoher Ölverbrauch.

Kupplung prüfen: Handbremse anziehen, dritten Gang einlegen, einkuppeln. Wenn der Motor abgewürgt wird, ist die Kupplung in Ordnung.

Fahren Sie langsam geradeaus, nehmen Sie die Hände vom Lenker und bremsen Sie. Das Auto darf jetzt nicht nach rechts oder links driften.

Lassen Sie sich einen schriftlichen Kaufvertrag geben. Sie haben drei bis vier Tage Zeit, den Wagen umzumelden.

Der TÜV gibt einen jährlichen Report mit den aktuellen Gebrauchtwagenpreisen heraus. Den gibt's im Zeitschriftenhandel.

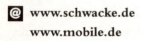 **www.schwacke.de**
www.mobile.de

Garantie auf den Gebrauchten

Sechs Monate nach dem Verkauf ist der professionelle Händler, nicht jedoch ein Privatverkäufer, für alle Mängel an einem Gebrauchtwagen haftbar. Er muss beweisen, dass beim Kauf alles in Ordnung war. In den nächsten sechs Monaten muss der Kunde beweisen, dass der Schaden bereits vor dem Kauf bestand. Eigentlich gilt die Haftung noch ein weiteres Jahr, was der Händler aber im Kaufvertrag ausschließen kann.

Das Gleiche gilt für einen *Dienstwagen*. Verkaufen Sie als Selbstständiger Ihr beruflich genutztes Fahrzeug, haften Sie ebenfalls. Und zwar für zwei Jahre, sofern Sie nicht im Kaufvertrag die Garantie auf ein Jahr beschränkt haben. Wenn Sie jedoch Ihr Auto dem Händler in Zahlung geben, der es Ihnen verkauft hat, vermeiden Sie diese so genannte erweiterte Gewährleistungspflicht (Garantie auf das Auto).

Leasing: Autokauf auf Raten

Geleast werden in der Regel Autos. Beim Leasing oder Ratenkauf zahlt man am Anfang einen bestimmten Betrag, manchmal auch gar keinen, und dann monatliche Raten, meist ein bis vier Jahre lang. Am Ende der Laufzeit wird bei der Mehrzahl der Verträge ein Restbetrag fällig, circa 30 bis 40 Prozent des Fahrzeugpreises. Sie können das Auto am Ende des Leasingvertrags auch zurückgeben, allerdings müssen Sie eventuell nachzahlen, wenn das Auto nicht mehr so viel wert ist. Sei es, dass Sie es ruiniert haben oder weil die Marktlage sich verändert hat. Sehr oft entbrennt Streit darüber, ob das Auto nach der Nutzung noch im angemessenen Zustand ist.

Beim so genannten **Andienungsrecht** ist der Käufer am Ende der Laufzeit verpflichtet, das Auto zu einem bestimmten Preis zu kaufen. Ist der Wagen aber mehr wert, kann das Leasingunternehmen das Auto auch anderweitig verkaufen. Sie haben kein Vorkaufsrecht.

Während der Leasingzeit ist die Bank bzw. der Autohändler der Besitzer des Wagens. Für Reparaturen muss der Nutzer aufkommen. In der Regel muss eine Vollkaskoversicherung abgeschlossen werden. Laufende Leasingverträge sind schwer zu kündigen.

Steuerlich günstig ist Leasing für Selbstständige und Unternehmen, da sie die Mehrwertsteuer zurückbekommen und alle Raten von der Steuer absetzen können. Rechnen Sie genau nach, ob für Sie Leasing wirklich günstig ist.

Auto anmelden

Um ein gebraucht gekauftes Auto oder Ihr altes an einem neuen Wohnort anzumelden, müssen Sie folgende Unterlagen zur **Kfz-Zulassungsstelle** mitbringen: Personalausweis (oder Meldebestätigung), Fahrzeugbrief, Fahrzeugschein, Nachweis über die Gültigkeit von TÜV (Hauptuntersuchung) und AU (Abgasuntersuchung), die alten Nummernschilder und den Versicherungsnachweis (Doppelkarte) der Kfz-Versicherung Ihrer Wahl. Rufen Sie ein paar Tage vor der Anmeldung bei der Versicherung an, dann wird Ihnen die Doppelkarte zugeschickt.

Für ein fabrikneues Auto benötigen Sie nur Personalausweis, Kraftfahrzeugbrief und Versicherungsnachweis.

Melden Sie das Auto für jemand anderen an oder lassen Sie es anmelden, so müssen Sie eine Vollmacht ausstellen: »Hiermit bevollmächtige ich (Name, Geburtsort) Herrn oder Frau XY (Name, Geburtsort), einen Pkw folgender Marke in meinem Namen und auf meinen Namen anzumelden.« Unterschrift. Von beiden muss der Personalausweis vorgelegt werden, vom Bevollmächtigten und von dem, der die Vollmacht erteilt hat. Das Auto selbst müssen Sie nicht zur Zulassung mitbringen.

Wie schreibe ich eine Rechnung?

Für Honorare, Dienstleistungen oder verkaufte Ware sieht eine Rechnung folgendermaßen aus:

— Eigene vollständige Anschrift

— Ort und Datum der Rechnungsstellung

— Vollständige Anschrift des Rechnungsempfängers

Das »vollständig« ist ganz wichtig. Sekretärinnen lieben es, Rechnungen zurückgehen zu lassen, auf denen eine Postleitzahl oder auch nur der Firmenzusatz GmbH fehlt. Denn nur vollständige Rechnungen werden vom Finanzamt akzeptiert.

Dann folgt unter der Überschrift »Rechnung«: »Hiermit erlaube ich mir, für … (entsprechende Dienstleistung oder Ware eintragen) einen Betrag von … (den Nettobetrag eintragen) Euro (die Währung muss auch erwähnt werden!) zzgl. 16 Prozent (oder 7 Prozent) MwSt. zu berechnen.«

Unbedingt erst den Nettobetrag, also die Summe ohne Steuer, dann die Steuer und zuletzt den Gesamtbruttobetrag aufführen.

Zusätzlich müssen Sie in der Rechnung Ihre Steuernummer aufführen: »Der Betrag wird unter der Steuernummer ... beim Finanzamt XY versteuert.« Letzteres entfällt, wenn Sie als Privatperson ohne Einkommensteuernummer eine Rechnung schreiben; denn dann dürfen Sie auch keine Mehrwertsteuer verlangen.

Beim Autoverkauf oder auf dem Flohmarkt quittieren Sie: Dieser Betrag ist nicht mehrwertsteuerpflichtig.

Zuletzt schreiben Sie: »Bitte überweisen Sie diesen Betrag auf mein Konto bei ... (Name der Bank), BLZ ..., Konto-Nr. ...«

Das reicht. Eine Rechnung muss nicht unterschrieben werden. Eine Rechnung ist sofort zahlbar.

Mehrwertsteuerpflichtig?

Wenn Sie Ausgaben weiterberechnen, schreiben Sie eine extra Rechnung. Legen Sie die Belege nur als Kopie bei. Die Originale bleiben bei Ihnen, denn diese müssen Sie eventuell dem Finanzamt bei Ihrer Steuererklärung vorlegen.

Sind Sie mehrwertsteuerpflichtig, wird es ein wenig umständlich. Denn eigentlich müssen Sie aus allen Rechnungen die enthaltene Mehrwertsteuer abziehen und dann die Mehrwertsteuer, zu der Sie veranlagt sind, aufschlagen. Das heißt, zuerst ziehen Sie von der Straßenbahnkarte, der Tankquittung, der Bewirtungsrechnung die jeweilige Mehrwertsteuer ab, entweder 7 oder 16 Prozent. Diese Nettobeträge werden zusammengezählt, und zum Schluss schlagen Sie Ihren Mehrwertsteuersatz auf, 16 Prozent bei gewerblichem Betrieb, 7 Prozent bei künstlerischer Tätigkeit.

Viele Rechnungssteller schlagen einfach generell auf alle Ausgaben, wie sie auf dem Beleg stehen, die fällige Mehrwertsteuer auf, ohne sich vorher die Mühe zu machen, die Nettobeträge auszurechnen. Aber da zahlt der Rechnungsempfänger mehr, als er müsste, nämlich zweimal die Mehrwertsteuer. Und Sie machen ein zusätzliches Geschäft.

Wo bleibt das Geld?

Kommt auf eine Rechnung keine Antwort und kein Zahlungseingang, schreibt man eine freundliche *Mahnung*: »Da ich bisher keinen Zahlungseingang feststellen konnte, bitte ich dies bis zum ... (Datum eintragen, circa zwei Wochen nach dem Datum des Mahnschreibens) nachzuholen. Sollten Sie inzwischen bezahlt haben, betrachten Sie diese Mahnung als hinfällig.«

Passiert daraufhin immer noch nichts, schreiben Sie eine weitere Mahnung, diesmal jedoch in dringlicherem Tonfall. Dreißig Tage nach Rechnungszustellung können Sie nach § 286 BGB Verzugszinsen verlangen. Und zwar 5 Prozent plus aktuellem Basiszinssatz − der steht im Wirtschaftsteil jeder Zeitung − pro Jahr, vom Tag des Rechnungszugangs bis zum Zahlungseingang. Ein Beispiel: 1000 Euro Ausstand. Basiszinssatz 2,5 Prozent plus 5 Prozent sind 7,5 Prozent Verzugszinsen auf das Jahr gerechnet. Ergibt pro Monat 6,25 Euro.

In der dritten Mahnung drohen Sie mit dem Rechtsanwalt: »Sollte die gesamte Summe nicht bis zum ... (Datum eintragen, eine Woche nach Datum des Schreibens) eingegangen sein, sehe ich mich gezwungen, diese Angelegenheit meinem Rechtsanwalt zu übergeben.« Um sicherzugehen, können die Mahnungen per Einschreiben mit Rückschein verschickt werden.

Erfolgt nun noch immer keine Reaktion, beauftragen Sie entweder wirklich einen Rechtsanwalt, der wieder einen Brief schreibt. Das kostet, aber keine Unsummen. Oder aber Sie besorgen sich einen *Mahnbescheid*, das ist ein Formular aus dem Schreibwarenladen. Den schicken Sie per Post. Nun muss der Schuldner innerhalb von zwei Wochen reagieren, selbst wenn er den Mahnbescheid nicht bekommen hat. Der Mahnbescheidempfänger muss entweder zahlen oder Widerspruch einlegen. Auch wenn zum Beispiel die Geldforderung gar nicht berechtigt ist.

Wird der Widerspruch rechtzeitig erhoben bzw. Sie bestehen auf Ihrer Forderung, so geht der Rechtsstreit automatisch an das zuständige Gericht. Und zwar an Ihrem Wohnort und nicht an dem des Schuldners. Dann wird festgestellt, ob Ihre Forderung berechtigt ist, ob der Schuldner zahlen muss und kann. Eventuell folgen Pfändungen.

Tipps und Tricks

☞ »Finanztest«, die Zeitschrift der Stiftung Warentest rund ums Geld, liegt in vielen Stadtbibliotheken aus.

☞ Im Internet können Sie sich bei Preisagenturen über den günstigsten Preis eines Produkts informieren.

☞ Eröffnen Sie zwei Konten und lassen Sie 500 Euro per monatlichem Dauerauftrag hin und her wandern. Sie bekommen dann einen Überziehungskredit von 1000 bis 1500 Euro. Das funktioniert! Denn das macht alles die Software des Computers.

☞ Für eine GmbH müssen bei der Registrierung mindestens 25 000 Euro vorliegen. Dieses Kapital kann auch aus Sachwerten bestehen, zum Beispiel einem Auto.

Versicherungen

Vermutlich gibt es kein Volk der Erde, das sich so gern versichert wie das deutsche. Manche sind ganz erstaunt, dass es Schäden gibt, gegen die man sich nicht versichern kann. Terrorismus, Vulkanausbrüche und Bürgerkrieg sind nicht in der Hausratversicherung inbegriffen.

Lesen Sie das Kleingedruckte, heißt es immer, dort finden sich die Fußangeln. Das wissen auch die Versicherer, und deshalb sind ihre gesamten Verträge klein gedruckt. Nun blickt keiner mehr durch.

Sie wollen sich absichern? Lesen Sie dieses Kapitel sorgfältig durch. Überlegen Sie sich genau, welche privaten Versicherungen Sie abschließen wollen. Dann vergleichen Sie gründlich die Angebote der verschiedenen Versicherungen nach Preis und Leistung. Bei vielen Versicherungen gilt: Man kann sie von der Steuer absetzen.

Grundsätzlich unterscheidet man zwischen gesetzlichen Versicherungen (die Sozialversicherungen) und privaten Versicherungen wie Hausrat- und Haftpflichtversicherung. Die beiden letzten sollte man auf jeden Fall abschließen. Sich gegen Berufsunfähigkeit zu versichern, eine Rechtsschutz- oder Krankentagegeldversicherung abzuschließen sind aber ehrenwerte nationale Hobbys, für die sich niemand schämen muss.

Sozialversicherungen

Renten-, Krankenkassenbeiträge, Pflege- und Arbeitslosenversicherung werden automatisch vom Lohn abgezogen. Der Arbeitgeber zahlt für Sie unsichtbar ebenfalls Sozialversicherungsbeiträge, die so genannten Lohnnebenkosten. Was Ihnen nach den Abzügen und den Steuern übrig bleibt, nennt man Nettoeinkommen. Die Beitragssätze der verschiedenen Sozialversicherungen ändern sich alle ein, zwei Jahre.

Es besteht eine Sozialversicherungspflicht. Alle Angestellten, Arbeiter, Künstler, Publizisten und selbstständigen Lehrer sind gesetzlich verpflichtet, in die Sozialversicherungskassen einzuzahlen. Nur Beamte und Selbstständige, bis auf die oben erwähnten Ausnahmen, sind von der Sozialversicherungspflicht befreit. Handwerker können sich nach achtzehn Jahren Selbstständigkeit befreien lassen und sich privat versichern.

Bei Telefonistinnen für Sex-Hotlines, Aupairs, Tennislehrern auf Stundenbasis, bezahlten Amateurfußballspielern, deren Gehalt gespendet wird, bei Handwerkern ohne Betrieb, bei im Betrieb mitbeschäftigten Familienangehörigen und bei Küstenschiffern gibt es Streit um die Sozialversicherungspflicht.

Krankenversicherung

Arbeitnehmer, die weniger als 46 800 Euro brutto im Jahr verdienen, müssen sich in einer *gesetzlichen Krankenkasse* versichern. Die derzeitige Bemessungsgrenze ändert sich je nach

Lohnentwicklung. Nur wer mehr verdient, selbstständig oder Beamter ist, kann sich privat versichern lassen. Doch auch wer über dieser Pflichtgrenze liegt, kann sich freiwillig in den gesetzlichen Kassen (AOK, DAK, Barmer, TK usw.) versichern.

Sie können Ihre gesetzliche Krankenkasse frei wählen bzw. unter bestimmten Bedingungen wechseln. Gesetzliche Krankenkassen haben unterschiedliche Beitragssätze, derzeit schwanken sie zwischen 12 und 15 Prozent des Lohns. Die Leistungen sind bei allen Krankenkassen fast gleich, doch lohnt es sich zu fragen, wie es mit Homöopathie, Akupunktur und Ähnlichem aussieht.

Erwerbslose und Kinder sind beim beitragszahlenden Partner in der gesetzlichen Krankenkasse mitversichert.

Künstler und freie Publizisten sind verpflichtet, sich in der *Künstlersozialkasse* zu versichern. Man bleibt in seiner gesetzlichen Kasse, und den Arbeitgeberanteil zahlt die Künstlersozialkasse. Die Adresse: Künstlersozialkasse, Langeoogstr. 12, 26384 Wilhelmshaven.

Bei den gesetzlichen Krankenkassen kann man bis zum Dreißigsten eines Monats kündigen. Der Austritt bzw. Wechsel tritt zum übernächsten Monat in Kraft. Wenn die Beitragssätze erhöht oder Leistungen gestrichen werden, kann man bereits zum nächsten Monat kündigen. Das gilt auch für die privaten Krankenkassen.

Was zahlt die Kasse?

Was auch immer durch die Diskussion geistert und auch von Ärzten wahrheitswidrig behauptet wird – jede medizinisch notwendige Versorgung wird von den Kassen übernommen. Aus Kostengründen kann und darf eine Behandlung nicht verweigert werden. Auch die teuerste Operation bei alten Menschen wird bezahlt.

Es gibt jedoch einen *Eigenanteil bei Medikamenten*. Sie müssen also einen Teil der verschriebenen Medizin selbst bezahlen. Als zumutbare Zuzahlungen gelten Beträge von 2 Prozent (bzw. 1 Prozent bei chronischen Erkrankungen) des Bruttoeinkommens. Studenten, Auszubildende, gering Verdienende (ca. unter 1000 Euro brutto im Monat), Sozialhilfeempfänger und chronisch Kranke können bei der Krankenkasse beantragen, von den Zuzahlungen befreit zu werden.

Gesetzliche Kassen übernehmen maximal 60 Prozent der *Zahnersatzkosten*, den Rest müssen Sie aus der eigenen Tasche bezahlen. Wer einmal im Jahr beim Zahnarzt zur Kontrolle vorbeischaut, muss bei Zahnersatz 10 Prozent weniger zahlen. Bescheinigungsheftchen gibt's beim Zahnarzt.

Studententarif

Studenten sind bis zum fünfundzwanzigsten Geburtstag und solange das regelmäßige Einkommen unter 323 Euro monatlich liegt, kostenlos bei den Eltern krankenversichert. Müssen sie sich selbst versichern, also nach dem fünfundzwanzigsten Geburtstag, zahlen sie bei allen gesetzlichen Kassen gleich viel: derzeit 54,52 Euro einschließlich Pflegeversicherung im Monat. Sie können sich bei der örtlichen AOK, den Ersatzkassen oder der privaten Kasse der Eltern bzw. des Ehegatten versichern lassen. Diese Studententarife gelten bis zum vierzehnten

Semester bzw. dreißigsten Geburtstag. Danach nur in Ausnahmefällen.

Private Zusatzversicherung

Die Vorteile des Privatpatienten, wie Ein-Bett-Zimmer, Chefarztbehandlung und andere Leistungen, kann auch ein Kassenpatient genießen, indem er eine private Zusatzversicherung abschließt. Dann übernimmt die Versicherung die Kosten für den Zwei-Bett- oder Ein-Bett-Zimmer-Zuschlag und die privatärztliche Behandlung durch Spezialisten. Auch die Eigenbeteiligung bei Zahnersatz oder Brillen kann teilweise ersetzt werden, ebenso Krankenkosten im Ausland. Das kann man sich jedoch auch bei einer gesetzlichen Krankenkasse gegen einen Aufschlag versichern lassen. Oder man zahlt einfach den Einzelzimmerzuschlag selbst. Wer gedenkt, sich nicht allzu oft im Krankenhaus aufzuhalten, kommt so günstiger weg.

Als junger Mensch zahlt man bei privaten Krankenkassen niedrigere Prämien, mit zunehmendem Alter wird es teurer. Frauen zahlen mehr, und jedes Familienmitglied muss extra versichert werden. Ein Wechsel zu einer anderen privaten Kasse ist leicht möglich, meist muss man dann aber höhere Beiträge zahlen. Der Weg zurück in die gesetzliche Kasse ist weitaus schwieriger und nur bis zu einem bestimmten Alter möglich. Denn sonst würde man als junger Mensch die preisgünstige private Krankenkasse wählen und später, wenn die Beiträge steigen, zur billigeren gesetzlichen wechseln.

Renten-, Arbeitslosen- und Pflegeversicherung

Zurzeit werden 19,5 Prozent als *Rentenbeitrag* vom Bruttogehalt abgezogen. Die Beitragsbemessungsgrenze liegt bei 5200 Euro monatlich, in Ostdeutschland bei 4400 Euro. Damit werden die heutigen Renten bezahlt.

Mit jedem Beitragsjahr erwerben Sie einen Rentenanspruch. Für jedes Durchschnittsjahreseinkommen gibt es einen so genannten Entgeltpunkt. Verdienen Sie überdurchschnittlich, kriegen Sie mehr Punkte, verdienen Sie weniger als der bundesdeutsche Durchschnitt, dann werden Ihnen dementsprechend weniger Punkte gutgeschrieben. Ausbildung und Zivil- bzw. Wehrdienstzeiten bringen 0,75 Punkte, pro Kind werden drei Punkte angerechnet. Auch Krankheitszeiten, Arbeitslosigkeit und die Pflege von Angehörigen bringen Punkte. Diese Punkte werden bei Ihrem Rentenbeginn mit dem dann aktuellen Rentenwert multipliziert und so Ihre Rente berechnet.

Das aber ist alles graue Theorie, denn wie hoch die Rente in dreißig oder vierzig Jahren sein wird, weiß niemand. Private und frühe Vorsorge ist vernünftig. Sehr vernünftig! Ob aber Lebensversicherung, Riester-Rente, Eichel-Rente, Aktienfonds, Rentenpapiere, Unternehmensanleihen, Dax-orientierte Rentenfonds oder Bausparverträge am besten geeignet sind, hängt von Ihrer persönlichen Situation ab.

Lassen Sie sich nicht nur von *einem* Fachmann beraten. Banken, Versicherungen, Gewerkschaften oder Verbraucherberatung haben die unterschiedlichsten Modelle anzubieten. Informieren Sie sich auch im Wirtschaftsteil der Tageszeitung oder bei Berufskollegen.

Mit der *Arbeitslosenversicherung* erwirbt man ein Recht auf Arbeitslosengeld. Dafür werden 6,5 Prozent vom Lohn abgezogen. Es gelten dieselben Höchstsätze wie bei der Rente. Selbstständige zahlen nichts ein und bekommen auch keine Unterstützung.

0,85 Prozent vom Bruttolohn gehen direkt an die gesetzliche *Pflegeversicherung*, Kinderlose zahlen sogar 1,1 Prozent.

Privater Schutz bei Krankheit und Unfall

Arbeitnehmer erhalten bei Krankheit vom Arbeitgeber sechs Wochen lang ihr volles Gehalt weiter. Danach zahlt die gesetzliche Krankenversicherung ein Krankentagegeld, höchstens 70 Prozent des Bruttoeinkommens und 90 Prozent des Nettogehalts. Davon gehen derzeit ungefähr 14 Prozent Sozialabgaben ab (für Rente, Pflege- und Arbeitslosenversicherung). Wem das nicht reicht, der kann die Differenz mit einer *privaten Krankentagegeldversicherung* ausgleichen.

Selbstständige stehen ohne Einkommen da, sobald sie krank werden. Dennoch sollten Sie bei der Krankentagegeld-Versicherung das Tagegeld nicht vom ersten Tag der Krankheit an vereinbaren, das ist ziemlich teuer. Es lohnt sich, das Tagegeld zu staffeln. Sie können mehrere private Tagegeld-Versicherungen abschließen, auch bei verschiedenen Gesellschaften, müssen jedoch alle Versicherungen über die anderen Verträge informieren, da sonst die Leistungspflicht entfallen kann. Die verschiedenen Krankentagegeld-Versicherungen dürfen zusammen den tatsächlichen Verdienst nicht übersteigen.

Während der Arbeit und auf dem Weg dorthin sind Sie gegen Unfälle versichert. In der Freizeit jedoch nicht. Hier können Sie sich mit einer *privaten Unfallversicherung* schützen. Sie zahlt zum Beispiel Pflegepersonal und Haushaltshilfe, kann Einkommenseinbußen lindern, einen notwendigen Berufswechsel finanzieren oder den behindertengerechten Ausbau der Wohnung.

Hausratversicherung

Diese private Versicherung ersetzt Schäden im eigenen Haushalt. Dabei wird der Neuwert zerstörter Gegenstände bis zu einer bestimmten Gesamtsumme ersetzt, zum Beispiel 100 000 Euro. Versichert sind Schäden durch Brand, Blitzschlag, Einbruch, Raub, Vandalismus, Leitungswasser, Sturm, Hagel. Und zum Glück auch gegen Explosion, Anprall oder Absturz eines Luftfahrzeuges. Schäden sollten Sie unverzüglich melden und Einbrüche bei der Polizei anzeigen.

Eine Hausratversicherung bezahlt das Aufräumen, Wegräumen, den Transport und die Lagerung des versicherten Hausrates, wenn die Wohnung unbenutzbar wurde. Sie bezahlt ein neues Türschloss und die Reparatur, wenn man gewaltsam in die Wohnung einbrechen musste, oder Gebäudebeschädigungen, die durch einen Einbruch in die Wohnung entstanden.

Außerdem kommt sie für Reparaturen in gemieteten Wohnungen auf, um Wasserschäden an Bodenbelägen, Innenanstrichen oder Tapeten der Wohnung zu beseitigen.

Nur bei besonderer Vereinbarung sind versichert: Naturkatastrophen wie Lawinen und Überschwemmungen, Kriegsschäden, atomare Verseuchung, Schäden durch Schwamm, Plansch- und Reinigungswasser sowie Schäden durch Kurzschluss oder Überspannung an elektrischen Einrichtungen, die nicht Folge eines Brandes, eines Blitzschlags oder einer Explosion sind. Nicht versichert sind vorsätzlich verursachte Schäden, Diebstahl durch Mitbewohner und Aufwendungen für Leistungen der Feuerwehren.

Fragen Sie beim Abschluss der Versicherung genau nach, was versichert ist und wie viel ein ***erweiterter Versicherungsschutz*** kostet: Glasbruch durch spielende Kinder, Sengschäden von Zigaretten, Fahrräder, die aus einem abgeschlossenen Keller gestohlen werden? Computerschäden nach Blitzeinschlag? Welche Kosten werden ersetzt?

Haftpflichtversicherung

Mit einer privaten Haftpflichtversicherung sichern Sie sich gegen den Schaden aus unbeabsichtigten Unfällen ab, die Sie verursacht haben. Die Haftpflichtversicherung begleicht Forderungen aus Personen-, Sach- und Vermögensschäden. Wenn Sie also den teuren Glastisch bei Freunden durch unbeabsichtigte Tölpelei zerdeppert haben, Kinder in Ihrer Aufsicht den

Weihnachtsbaum anzünden oder die Badewanne überläuft und einen Wasserschaden beim Nachbarn unter Ihnen hervorruft. Und wenn Sie als Radfahrer einen Fußgänger anfahren und dieser schlimmstenfalls im Rollstuhl landet, dann zahlt die Versicherung dessen Rente sowie das Schmerzensgeld. Werden Sie auf **Schadensersatz** verklagt, übernimmt die Haftpflicht den Schaden oder unterstützt Sie bei einem Prozess. Haftpflichtversicherungen gibt es ab 50 Euro im Jahr.

Menschen mit Hobbys wie Surfen oder Segeln und vor allem Tierhalter sollten bei der Haftpflichtversicherung darauf achten, welche Risiken gedeckt sind. Nicht gedeckt werden Schäden, die Sie selbst erleiden oder gar mutwillig verursacht haben, Ansprüche von Mitbewohnern, Strafen und Bußgelder sowie von Ihnen verursachte Autounfälle. Für Letztere ist die Kfz-Versicherung zuständig.

Mitversichert sind Ehegatten, Partner in eheähnlichen Beziehungen und minderjährige Kinder. Volljährige Kinder unter fünfundzwanzig, die noch zu Hause wohnen, sind bis zum Ende ihrer ersten Ausbildung bei den Eltern mitversichert.

Wenn Sie bei der Hausrat- oder Haftpflichtversicherung einen Schaden gemeldet und die Gesellschaft ihn beglichen hat, dürfen Sie innerhalb eines Monats jeden Vertrag mit Hinweis auf die Schadensnummer kündigen. Wenn Sie mit sofortiger Wirkung aussteigen, verlieren Sie auch den Schutz sofort, müssen aber die Beiträge bis zum Ende des Versicherungsjahres bezahlen. Deshalb ist es meist günstiger, zum Ende des Jahres zu kündigen.

Rechtsschutzversicherung

Die private Rechtsschutzversicherung zahlt den Anwalt und ist nicht billig – sie kostet um die 150 Euro im Jahr. Die häufigsten Streitigkeiten sind:

Arbeitsrecht, also Kündigungen und Ähnliches. Für diese Belange ist man oft über Berufsgenossenschaft, Gewerkschaft usw. automatisch mitversichert.

Mietrecht: Hier sind Mitglieder des Mietervereins versichert.

Bei *Schadensersatzprozessen* tritt die Haftpflichtversicherung ein, wenn Sie den Schaden unbeabsichtigt verursacht haben. Wollen Sie selbst einen Schadensersatz durchsetzen, kann die Rechtsschutzversicherung helfen.

Im *Verkehrsrecht* springt die Rechtsschutzversicherung nur ein, wenn dem Vertrag die ARB (Allgemeine Rechtsschutzbedingung) 94 zugrunde liegt. Ob bei einem Einspruch vor Gericht gegen den Führerscheinentzug der Anwalt von der Rechtsschutzversicherung bezahlt wird, sollte man vor Abschluss der Police fragen.

Etwa die Hälfte aller Deutschen besitzt eine Rechtsschutzversicherung. Deshalb wird auch gern prozessiert.

Lebensversicherung

Wer eine private Lebensversicherung abschließt, zahlt jahrzehntelang einen monatlichen Betrag ein, und mit sechzig oder fünfundsechzig Jahren erhält er entweder eine runde

Summe cash oder eine Rente. Darin enthalten ist auch eine so genannte **Risikolebensversicherung**, das heißt, im Todesfall kommen die Begünstigten in den Genuss einer schönen Summe. Lebensversicherungen können als Sicherheit für einen Kredit gelten. Wenn man sich als Arzt, Handwerker usw. selbstständig machen will, verlangt die Bank manchmal, dass man eine solche Versicherung abschließt, bevor sie einen Kredit einräumt. Die Lebensversicherung kann die Bank nämlich pfänden, falls Sie Pleite machen.

Wenn Sie eine Lebensversicherung kündigen, erhalten Sie meist nicht einmal den bereits eingezahlten Betrag zurück. Fragen Sie deshalb unbedingt vorher, was bei einer Kündigung geschieht!

Der Reichtum der Versicherungen, der sich in ihren schmucken Verwaltungsgebäuden spiegelt, stammt in erster Linie von den braven Beitragszahlern. Denn Lebensversicherungen sind zwar die sicherste Geldanlage, aber sie werfen nicht sonderlich viel ab. Banken bieten deshalb verschiedene andere Anlageformen an.

Berufsunfähigkeitsversicherung

Je nach Beruf besteht ein mehr oder weniger großes Risiko, dass einem etwas zustößt und man nicht mehr arbeiten kann. Die plötzliche Mehlallergie des Bäckers, ein Arbeitsunfall oder ein Bandscheibenschaden. Wer nach dem Jahr 1961 geboren wurde, sollte sehr ernsthaft über eine Berufsunfähigkeitsversi-

117

cherung nachdenken, denn er bekommt im Fall des Falles keine andere **Rente** mehr. Wer seinen Beruf nach einer schweren Krankheit oder einem Unfall nie mehr ausüben kann, muss uneingeschränkt mit einer anderen Tätigkeit seinen Lebensunterhalt verdienen. Ein Astrophysiker erhält keinen Pfennig mehr aus der Rentenkasse, wenn er sich noch als Museumswärter verdingen kann. Der erlernte Beruf und das bisher erzielte Erwerbseinkommen spielen keine Rolle. Die volle Rente bezieht nur, wer weniger als drei Stunden am Tag arbeiten kann. Bei weniger als sechsstündiger Arbeitsfähigkeit pro Tag bekommt man die halbe Rente gezahlt. Junge Berufseinsteiger müssen für ihren Anspruch auf eine staatliche Erwerbsminderungsrente in der Regel ohnehin mindestens fünf Jahre versicherungspflichtig gearbeitet haben.

In bestimmten Berufen ist die Berufsunfähigkeitsrate hoch, weshalb die Beiträge zu einer Berufsunfähigkeitsrente höher ausfallen. Busfahrer beispielsweise leiden irgendwann fast alle an Rückenproblemen. Selbstständige und Freiberufler können oftmals, trotz Beitragszahlung, keine Ansprüche auf Erwerbsminderungs- bzw. Berufsunfähigkeitsrente erwerben.

Eine Berufsunfähigkeitsversicherung ist nicht billig.

Kfz-Versicherung

Der Tarif bei der Kraftfahrzeugversicherung richtet sich hauptsächlich nach Wohnort, Geburtsjahr, Geschlecht, Auto und unfallfreien Fahrjahren. **Vollkasko** – da wird alles bezahlt – lohnt sich bei einem Neuwagen. *Teilkasko* bedeutet, dass Sie bei jedem selbst verschuldeten Schaden für den eigenen Schaden selbst aufkommen. Unfallfreies Fahren wird im Laufe der Jahre mit geringeren Beiträgen belohnt. Bei jedem gemeldeten Schadensfall verzögert sich die Verringerung des Tarifs. Kfz-Versicherungen sind jährlich kündbar, in der Regel bis zum 30. 11. eines Jahres. Die Rabatte gehen bei einem Wechsel der Gesellschaft nicht verloren.

Bei der Kfz-Versicherung zeigen sich erstaunliche Preisunterschiede zwischen den einzelnen Gesellschaften. Die Leistungen sind jedoch bei allen gleich. Stiftung Warentest ermittelt gegen eine Gebühr das beste Angebot; das dauert aber etwa vier Wochen.

Eine Versicherung loswerden

Man kann natürlich Versicherungen auch kündigen, und das geht so: Wer als Privatperson einen neuen Vertrag unterschreibt, kann den Antrag innerhalb von zwei Wochen nach der Unterschrift widerrufen – möglichst per Einschreiben mit Rückschein. Die Frist beginnt erst zu laufen, wenn der Kunde schriftlich über sein Widerrufsrecht belehrt wurde. Wird er darüber nicht belehrt, erlischt das Widerrufsrecht erst nach einem Monat.

Sobald Ihnen die Gesellschaft den Versicherungsschein samt Vertragsbedingungen und Verbraucherinformation aushändigt, bleiben Ihnen weitere zwei Wochen, um dem neuen Vertrag schriftlich zu widersprechen. Wurden Sie nicht oder fehlerhaft informiert, dürfen Sie noch ein Jahr, nachdem Sie die erste Prämie gezahlt haben, widersprechen.

Verträge ohne feste Laufzeit werden Sie jederzeit los – jeweils zum Ende eines Versicherungsjahres. Ihr Schreiben muss in der Regel drei Monate vorher eintreffen, bei der Kfz-Haftpflichtversicherung einen Monat vorher. Haben Sie diese Frist verpasst, verlängert sich der Vertrag automatisch um ein Jahr.

Sie können jede Versicherung nach Ablauf von fünf Jahren kündigen, auch wenn längere Laufzeiten vereinbart wurden. Bei jeder *Beitragserhöhung* darf man monatlich kündigen, wenn die höhere Prämie nicht an erweiterte Leistungen geknüpft ist.

Aus Risiko- und Kapitallebensversicherungen können Sie jederzeit aussteigen; sie enden, sobald Sie keine Beiträge mehr zahlen. Allerdings bekommen Sie nicht unbedingt die gesamte Einzahlungssumme zurück. Private Krankenversicherungen sind nach jeder Beitragserhöhung kündbar, sonst in der Regel nach den ersten zwei oder drei Vertragsjahren jährlich.

Recht und Ordnung

Ein Schuss. Der Mörder lässt die Waffe sinken. »Sie sind verhaftet«, ruft der Kommissar.

Nein, nein, so geht das nicht. Wo hat denn der Kommissar seinen Haftbefehl her? Den muss doch ein Richter vorher ausstellen. Und wie soll der Richter vorher wissen, wer der Mörder ist, solange der noch gar nicht gemordet hat? Im wirklichen Leben heißt es: festnehmen. Polizisten nehmen Mörder fest.

»Wenn Sie nicht aussagen, lasse ich Sie vorladen«, droht der knurrige Kommissar dem störrischen Zeugen. Widerspenstige Zeugen haben meist etwas zu verbergen, und zu Recht ärgert es den Kommissar, wenn so ein dahergelaufener Mitbürger ihm das Leben schwer macht. Da wird er schnell grantig:

»Und wenn Sie nicht wollen, hole ich Sie mit Blaulicht von zu Hause ab.«

Nein, nein, so geht das wieder nicht. Denn es gilt: Niemand muss einer polizeilichen bzw. staatsanwaltschaftlichen Vorladung folgen und aussagen. Nur einer richterlichen Aufforderung muss man folgen. Und sich schon gar nicht auf das Revier verfrachten lassen, solange kein Haftbefehl vorliegt. Das wäre Freiheitsberaubung. Im wirklichen Leben sagt der Zeuge also: »Haben Sie mich mal gern, Herr Kommissar.«

»Ihr Komplize hat bereits gestanden«, meint der listige Kommissar im Verhör. Das ist zwar gelogen, aber prompt gesteht der Verdächtige.

Nein, so geht das nicht. Polizisten dürfen im Verhör keine unwahren Angaben machen. Nur tatsächliche Aussagen von anderen Zeugen können dem Beschuldigten vorgehalten werden. Das sind nur ein paar exemplarische Auffälligkeiten aus den Fernsehkrimis, die ein völlig falsches Bild von unserem Rechtssystem zeichnen.

@ **www.jurathek.de**
   www.rechtplus.de

Rechte und Pflichten als Volljähriger

Mit achtzehn ist man volljährig. Herzlichen Glückwunsch! Sie dürfen nun zeitlich unbeschränkt arbeiten, länger als die schlappen vierzig Stunden als Jugendlicher. Sie können Geschäfte tätigen, eine eigene Wohnung mieten, sich selbst krank melden, die Schule wechseln. Zeugnisse sind von nun an Privatsache und müssen an Sie adressiert sein. Männer sind wehrpflichtig. Die Eltern sind nicht länger Ihre Erziehungsberechtigten, und so können Sie auch ohne deren Zustimmung heiraten. Sie können politische Vertreter wählen oder selbst gewählt werden. Sie haben Unterhaltsansprüche an Ihre Eltern, wenn Sie in der Ausbildung, arbeitslos oder behindert sind, allerdings gilt das auch andersherum: Verdienen Sie viel, und Ihre Eltern beziehen Sozialhilfe, sind Sie dran. Auch für von Ihnen gezeugte

Kinder sind Sie nun verantwortlich. Für eigene Kinder bekommen Sie das Sorgerecht. Unverheiratete Eltern können ein gemeinsames Sorgerecht beim Jugendamt beantragen. Allerdings kann die unverheiratete Mutter auf dem alleinigen Sorgerecht bestehen.

Strafrechtlich sind Sie jetzt auch selbst für alles verantwortlich, was Sie verbocken. Doch kann das Gericht noch bis zum einundzwanzigsten Geburtstag nach dem Jugendstrafgesetz urteilen, wenn Ihnen die nötige Reife fehlt. Bei Jugendstrafen beträgt das Höchstmaß »nur« zehn Jahre. Bei Strafen bis zu zwei Jahren wird die Aussetzung bis zur Bewährung geprüft.

Alkohol am Steuer

Ab etwa 0,5 Promille gilt ein Fahrer als relativ fahruntüchtig. Zwischen 0,5 Promille und 1,1 Promille liegt nur eine Ordnungswidrigkeit vor – vorausgesetzt, es kommen keine alkoholbedingten Fahrfehler oder sonstige Anzeichen von Fahruntüchtigkeit hinzu. Ein ***Bußgeld*** wird fällig. Ab 0,8 Promille wird ein erhöhtes Bußgeld erhoben. Zusätzlich droht ein ***Fahrverbot*** zwischen einem und drei Monaten. Im Unterschied zum Fahrerlaubnisentzug bleibt die alte Fahrerlaubnis bestehen.

Ab 1,1 Promille gilt man als absolut fahruntauglich. Das bedeutet beim Ersttäter und folgenloser Fahrt in der Regel ***Geldstrafe***, zusätzlich ***Entzug der Fahrerlaubnis***. Das Gericht legt eine Sperrfrist fest, nach der man seinen Führerschein wieder beantragen kann. Automatisch bekommt man seinen eingezogenen Führerschein nicht wieder. Vielmehr muss die Verwaltungsbehörde nach Ablauf der zeitlich befristeten Sperrfrist über die Wiedererteilung der Fahrerlaubnis neu entscheiden. Unter Umständen muss sich der Antragsteller zuvor einer psychologisch-medizinischen Untersuchung unterziehen. Bei positiver Entscheidung wird ein neuer Führerschein ausgestellt.

Kommt ein anderer zu Schaden, kann die Strafe deutlich höher ausfallen. Verschuldet der Fahrer unter Alkoholeinfluss gar den Tod eines anderen, dann muss er mit einer Freiheitsstrafe ohne Bewährung rechnen.

Ordnungswidrigkeiten

Owis, wie die Juristen Ordnungswidrigkeiten vertraulich nennen, sind Rechtsverstöße, aber keine kriminellen Delikte. In der Regel geht es dabei um Verstöße im Straßenverkehr, und diese werden mit einem Bußgeld geahndet. Die meisten dieser Verkehrsordnungswidrigkeiten verjähren nach drei Monaten. Allerdings unterbricht jede schriftliche Anordnung oder Entscheidung in der Bußgeldsache diese Frist. Erheben Sie gegen den Strafzettel Einspruch, wird die Behörde Sie sehr wahrscheinlich vor das Amtsgericht zitieren.

Wie zeige ich meinen Nachbarn an?

Einen *Strafantrag* kann jedermann bei Staatsanwaltschaft, Polizei oder Amtsgericht stellen. Normalerweise geht man auf das nächste Polizeirevier und stellt einen Strafantrag – keine Strafanzeige, denn die muss die Polizei nicht unbedingt verfolgen. Sie können den Antrag auch schriftlich beim Polizeipräsidenten einreichen. Die Polizei wird Sie dann als Zeugen vernehmen. Sie sollten wenn möglich Beweise vorlegen, zum Beispiel ein ärztliches Attest, oder andere Zeugen benennen.

Es gibt zwei Arten von Delikten: Die Offizialdelikte müssen von Amts wegen verfolgt werden. Dazu gehören natürlich Tötungsdelikte, Vergewaltigung, Betrug bis hin zur Nötigung – das ist die rechtswidrige Handlung, die einen anderen zur Handlung, Duldung oder Unterlassung nötigt – sowie die gefährliche Körperverletzung, also würgen oder mit einer Waffe angreifen. Schon Fäuste und beschuhte Füße gelten als Waffe.

Kleinere Delikte, wie etwa Beleidigung, Hausfriedensbruch, Sachbeschädigung und leichte Körperverletzung, sind Antragsdelikte. Sie müssen spätestens drei Monate nach dem Vorfall angezeigt werden. Oft werden diese sang- und klanglos von der Staatsanwaltschaft eingestellt, da das öffentliche Interesse fehlt. Die Ermittlungsbehörde wird Sie auf die *Privatklage* hinweisen. Das ist jedoch umständlich, teuer und bringt meist auch nichts. Bei Antragsdelikten bzw. Privatklagedelikten, die in der Öffentlichkeit begangen worden sind – also etwa die Ohrfeige in der U-Bahn –, besteht allerdings ein öffentliches Interesse. Deshalb wird die Staatsanwaltschaft einen solchen Vorfall ernst nehmen. Sonst würde bald das Faustrecht auf unseren Straßen herrschen.

Zivilrechtliche Genugtuung

Sie können den Übeltäter auf *Schadensersatz* oder *Schmerzensgeld* verklagen. Suchen Sie sich dazu einen Anwalt für Zivilrecht. In Zivilprozessen streiten sich gleichberechtigte natürliche und juristische Personen, Einzelpersonen oder Gruppen vor Gericht, zum Beispiel über Miete, Nachbarschaftsrecht, Erbschaft oder Garantie. Geht es um staatliche Institutionen, gilt das Verwaltungsrecht.

Der Anwalt berechnet seine Arbeit entweder nach der Bundesrechtsanwaltsgebührenordnung. Sie richtet sich nach der Höhe des Streitwerts, egal, wie viel Arbeit das Verfahren macht. Oder nach einem schriftlich vereinbarten Honorar zwischen Anwalt und Mandant. In Deutschland sind Erfolgshonorare offiziell verboten.

In den Fängen der Justiz

Festnehmen, oder vorläufig festnehmen, kann die Polizei oder die Staatsanwaltschaft bei Gefahr in Verzug. Bei einem auf frischer Tat Ertappten dürfen sogar Privatleute festnehmen. Der Geschnappte kommt in eine Polizeizelle und nicht in Untersuchungshaft. Nach einer *Festnahme* darf jeder einen Anwalt anrufen. Misstrauische Menschen, die fürchten, demnächst festgenommen zu werden, haben deshalb stets eine Telefonnummer, Kleingeld und eine Telefonkarte parat. Bei der Polizei kann jede Aussage, bis auf die Personalien, verweigert werden. Aussagen, die man dennoch macht, können als Beweis vor Gericht verwendet werden. Jeder Festgenommene muss innerhalb von vierundzwanzig Stunden dem Ermittlungsrichter vorgeführt werden. Er entscheidet, ob ein Haftbefehl erlassen wird oder nicht.

Auch wenn der Richter einen *Haftbefehl* erlässt, müssen Sie nicht unbedingt einsitzen, sondern nur wenn ein dringender Tatverdacht, Verdunklungs-, Flucht- oder Wiederholungsgefahr besteht oder in schweren Fällen, wenn also die drohende Strafe sehr hoch sein kann, wie zum Beispiel bei allen Tötungs- und Raubdelikten. Ansonsten wird der Haftbefehl außer Vollzug gesetzt, und Sie können nach Hause gehen. Vermutlich müssen Sie sich jedoch regelmäßig bei der Polizei melden.

Kein Zeuge und kein Beschuldigter muss einer *polizeilichen Vorladung* folgen oder aussagen. Ein Angeklagter hat gegenüber Polizei, der Staatsanwaltschaft und auch vor Gericht ein Aussageverweigerungsrecht.

Von der Anzeige bis zur Verurteilung

Werden Sie wegen eines Delikts angezeigt, sind Sie ein *Beschuldigter*. Die Polizei wird gegen Sie ermitteln und die Ergebnisse der Staatsanwaltschaft übergeben. Erst wenn Ihnen der Prozess gemacht wird, sind Sie ein *Angeklagter*. Sie können nun freigesprochen werden, oder das Verfahren wird eingestellt, vielleicht ist die Einstellung mit einer Auflage verbunden, zum Beispiel Wiedergutmachung oder Dienst in einer sozialen Einrichtung. Oder aber, wenn es ganz schlimm kommt, werden Sie zu einer Strafe verurteilt. Aber erst wenn Sie auf Berufung oder Revision verzichtet haben oder auch in den nächsten Instanzen verurteilt werden, sind Sie *rechtskräftig verurteilt*. Dann gelten Sie im juristischen Sinne als schuldig.

Rechtskräftige Haftstrafen werden in das *Bundeszentralregister* eingetragen. Nach frühestens fünf, bei höheren Strafen jedoch bis zu zwanzig Jahren wird der Eintrag unter bestimmten Voraussetzungen wieder getilgt.

Außer im Bundeszentralregister erscheinen Verurteilungen auch im **Führungszeugnis**. Ein solches Führungszeugnis kann jede Person über vierzehn Jahren bei ihrer Meldebehörde beantragen. Nicht darin aufgenommen werden **Jugendstrafen** bis zu zwei Jahren, sofern sie zur Bewährung ausgesetzt sind. Vorausgesetzt, im Register ist keine weitere Strafe eingetragen, wird eine Verurteilung bis zu neunzig Tagessätzen Geldstrafe oder bis zu drei Monaten Freiheitsstrafe nicht ins Führungszeugnis aufgenommen, wohl aber ins Zentralregister, aus dem jedoch nur Landes- und Bundesbehörden Auskunft erhalten. Zum Beispiel werden alle **Beamtenanwärter** auf ihre kriminelle Vergangenheit überprüft. Vorstrafen werden nach einer bestimmten Zeit aus dem Führungszeugnis gelöscht. Die Tilgung aus dem Bundeszentralregister dauert länger.

Nicht schuldfähig?

Nicht jeder, der sich gesetzeswidrig verhalten hat, ist auch schuldfähig. Je nach Grad der Schuldfähigkeit werden die Strafen bemessen. Bei vollständiger Schuldunfähigkeit, zum Beispiel wegen geistiger und seelischer Störungen, kann das Verfahren eingestellt werden, oder der Beschuldigte wird freigesprochen.

Hat sich der Angeklagte durch Drogen oder Alkohol selbst bis zur Schuldunfähigkeit benebelt, kann er wegen vorsätzlichen oder fahrlässigen Vollrausches bestraft werden. In Ausnahmefällen sogar wegen des im Rausch begangenen Straftatbestandes selbst: Betrinkt er sich, obwohl er aus Erfahrung wissen müsste, dass er dann seine Frau prügelt, kann er sich nicht mit zeitweiliger Unzurechnungsfähigkeit aus der Anklage wegen Körperverletzung herauswinden.

Wenn Straftäter wegen Schuldunfähigkeit oder Verhandlungsunfähigkeit nicht zu einer Strafe verurteilt werden können, sie jedoch zu gefährlich sind, um sie frei herumlaufen zu lassen, werden sie nach einem Sicherungsverfahren in einem psychiatrischen Krankenhaus oder in einer Erziehungsanstalt untergebracht.

Vor Gericht: Verteidiger, Staatsanwalt, Zeugen

Vor Gericht brauchen Angeklagte einen *Verteidiger*, wenn sie eines Verbrechens angeklagt worden sind. Verbrechen sind Delikte, bei denen mehr als ein Jahr Gefängnis droht. Hat der Angeklagte keinen eigenen Anwalt, wird ihm ein Pflichtverteidiger zugeteilt. Die Anwaltspflicht vor Gericht regelt die Strafprozessordnung.

Die *Staatsanwaltschaft* ist zuständig für das Ermittlungsverfahren. Sie ist verpflichtet, sowohl belastende als auch entlastende Umstände zu berücksichtigen. Im Gegensatz zu ihren amerikanischen Kollegen – dort treten Staatsanwälte nur als Ankläger auf. Staatsanwälte sind außerdem zuständig für Erhebung und Vertretung der Anklage sowie die Strafvollstreckung.

Bestimmte *Zeugen* haben ein umfassendes Zeugnisverweigerungsrecht, beispielsweise Familienangehörige von Beschuldigten oder Angehörige bestimmter Berufsgruppen, darunter Rechtsanwälte, Ärzte, Geistliche, Journalisten. Jeder Mensch ge-

nießt vor Gericht ein beschränktes Auskunftsverweigerungs-
recht, wenn er sich selbst oder seine Angehörigen belasten und
einer strafrechtlichen Verfolgung aussetzen könnte. Das Schwei-
gerecht des Beschuldigten selbst nennt man Aussageverweigerungsrecht.

Zeugen müssen vor Gericht erscheinen, die Wahrheit sagen
und diese eventuell beeiden. Falschaussagen können als uneid-
liche Falschaussage und Meineid bestraft werden.

Prozesskostenhilfe

Wenn Sie keine Rechtsschutzversicherung haben und wenig
verdienen, können Sie bei Gericht Prozesskostenhilfe beantragen, um den Anwalt und die Gerichtskosten zu bezahlen. Die
Bemessungsgrenze liegt bei etwa 600 Euro Monatseinkommen. Prozesskostenhilfe können sowohl Beklagte als auch Klä-
ger erhalten.

Die Gerichtskasse kann in den nächsten drei Jahren nach Ihrem aktuellen Vermögen fragen und ob Sie jetzt die gewährte
Prozesskostenhilfe zurückzahlen können. Das kann unangenehm sein, wenn Sie die Klage verloren haben und dazu noch
die Anwaltskosten bezahlen müssen.

Die Strafen

Je nach Delikt drohen in einem Strafprozess verschieden
schwere Strafen. Eine *Geldstrafe* wird in Tagessätzen verhängt,
zwischen fünf und 360 Tagen, bei Gesamtstrafe für mehrere Ta-
ten bis zu 720 Tagen. Bis zum neunzigsten Tagessatz gilt eine
Geldstrafe nicht als Vorstrafe, ab dem einundneunzigsten Tages-

satz allerdings schon. Die Höhe des Tagessatzes richtet sich nach dem Einkommen des Verurteilten.

Die Schwere der Schuld wird ausschließlich in Tagessätzen berechnet, nicht nach der Höhe der Gesamtsumme. Das heißt, je schwerwiegender die Tat, umso mehr Tagessätze. Eine Geldstrafe von 1500 Euro kann beim armen Schlucker A aus 300 Tagessätzen zu je 5 Euro zusammengesetzt sein, beim Besserverdienenden B aus zehn Tagessätzen zu je 150 Euro. Zahlt A seine 1500 Euro nicht, muss er 300 Tage Haft verbüßen, zahlt B sie nicht, kommt er zehn Tage in Haft. Schließlich hat der arme Schlucker A mit seinen 300 Tagessätzen etwas wesentlich Schwerwiegenderes verbrochen als der Besserverdienende B, der nur zehn Tagessätze zu entrichten hat. Da das Gericht nur selten die Vermögenslage des Angeklagten überprüft, sollte man sein Einkommen möglichst gering angeben.

Der Richter wird das Geld aus diesen Strafen gemeinnützigen Organisationen zugute kommen lassen (Rotes Kreuz, Frauenhaus etc.). Es wird dem Geschädigten nicht als Schadensersatz oder Schmerzensgeld zugesprochen.

Haftstrafen werden von einem Monat an verhängt. Bei kurzfristiger Haft kann das Urteil in eine Geldstrafe umgewandelt werden. Jugendstrafen können auch einmal auf ein oder zwei Wochen Arrest lauten.

Bewährungsstrafe

Bewährung ist nur bei Freiheitsstrafen bis zu zwei Jahren möglich. Die Bewährungszeit, in der man sich nichts zuschulden kommen lassen darf, dauert zwischen zwei und fünf Jahren. Die

Bewährung kann mit *Auflagen*, zum Beispiel Schadenswieder-
gutmachung, Geldbuße, Unterhaltszahlung, verbunden werden. Oft passt ein Bewährungshelfer auf den Verurteilten auf.

Nach Verbüßung von zwei Dritteln, unter besonderen Umständen schon nach der Hälfte der Strafe kann je nach Bundesland die restliche Haftzeit zur Bewährung ausgesetzt werden.
Bei lebenslanger Freiheitsstrafe setzt die Bewährungszeit jedoch frühestens nach fünfzehn Jahren ein. Verhält sich der Ver-
urteilte innerhalb seiner Bewährungsfrist anständig, gibt es also
keinen Anlass zum Widerruf der Strafaussetzung, wird ihm die
Reststrafe nach Ablauf der Bewährungszeit erlassen.

Strafbefehl statt Urteil

In der Praxis endet ein Großteil der Strafprozesse auf Antrag
des Staatsanwalts mit einem *Strafbefehl* statt eines Strafurteils.
Diese Alternative gibt es nur bei Vergehen, nicht aber bei Ver-
brechen, das heißt, die angedrohte Haftstrafe liegt unter einem
Jahr. Ein Strafbefehl ergeht im schriftlichen Verfahren ohne
Hauptverhandlung, jedoch nach Anhörung des Beschuldigten.
Auf Einspruch des Beschuldigten findet eine Hauptverhand-
lung statt. Dann kann die Strafe auch höher ausfallen, unter
Umständen mit einer Haft.

Der Strafbefehl kommt per Post. Auf dem Benachrichti-
gungszettel, den der Briefträger hinterlässt, wenn er Sie nicht
angetroffen hat, steht ein Cs-Zeichen. Das ist das Aktenzeichen
des Verfahrens. Sie müssen den Strafbefehl unbedingt von der
Post abholen, sonst verrinnt die Einspruchsfrist, und eventuell
sind Sie sogar vorbestraft, ohne es zu wissen.

Ein Testament verfassen

Grundsätzlich kann jeder, der über sechzehn Jahre alt ist, sein Testament machen. Der gesamte Text muss mit der Hand geschrieben werden. Unterschrieben wird am Ende des Textes. Alle späteren Ergänzungen müssen nochmals unterschrieben werden. Es ist zu empfehlen, dem eigenhändigen Text auch ein Datum anzufügen und die begünstigten Personen mit vollständigem Namen und Adresse anzugeben. Sicherheitshalber auch Ersatzerben nennen, falls die ursprünglichen Erben versterben.

Testamente sind einseitige, letztwillige Anordnungen und können im Gegensatz zu Erbverträgen jederzeit abgeändert oder widerrufen werden. Die *Abänderung* oder der *Widerruf* kann entweder ausdrücklich in Testamentsform erfolgen oder stillschweigend durch die Errichtung eines neuen Testaments, auch ohne Erwähnung des alten. Der Widerruf kann schließlich auch durch Vernichten der Urkunde, wie etwa Zerreißen, Verbrennen, Durchstreichen etc., erfolgen.

Nicht vererblich sind bestimmte Rechte und Pflichten: Wohnrecht, Gewerbeberechtigungen, Unterhaltsansprüche sowie Mitgliedschaften in Vereinen und Parteien.

Achtung! Vererblich sind aber auch Schulden. Erbschaften können ausgeschlagen werden.

Leitfaden für Ehe(scheidungs)kandidaten

Neben aller Romantik ist eine Heirat auch ein Vertrag zwischen zwei Menschen. In einer Ehe gibt es Rechte: zum Beispiel das Zeugnisverweigerungsrecht, das heißt, man muss sich vor Gericht nicht gegenseitig belasten. Und es gibt Pflichten. Nämlich für den anderen zu sorgen. Leider haben viele Angst, sich vor einer Heirat mit dem »Kleingedruckten« zu beschäftigen, und liegen dann in der Nacht vor der Hochzeit wach: Muss ich nach einem Tag Ehe ein ganzes Leben lang Unterhalt zahlen? Muss ich mein Erbe nach einer Scheidung teilen?

Ohne Ehevertrag lebt man automatisch in einer *Zugewinngemeinschaft*. Jeder Partner behält das, was er in die Ehe eingebracht hat. Alles, was in der Ehe gemeinsam erwirtschaftet wird, gehört dagegen beiden Partnern. Hat man jedoch zu Beginn der Ehe die jeweiligen Besitztümer nicht aufgelistet, geht das Gericht bei einer Scheidung von null bzw. gleich verteiltem Vermögen aus. Endet die Ehe durch Scheidung, wird das gemeinsam erwirtschaftete Vermögen geteilt. Dazu gehören auch Rentenansprüche. Nur Erbschaften und Schenkungen sind von der Zugewinngemeinschaft ausgenommen. Das Haus bleibt beim Erben – doch die Mieteinnahmen daraus sowie die Wertsteigerung des Hauses gelten als gemeinsames Einkommen.

Einen *Ehevertrag* schließt man dann ab, wenn man von dem Normalfall der Zugewinngemeinschaft abweichen will. Zum Beispiel, wenn man auf Unterhalt nach einer Scheidung verzichten will. Auf Unterhalt für Kinder kann niemals verzichtet werden. Eheverträge können auch während einer Ehe abgeschlossen und verändert werden. Zuständig ist dafür ein Notar.

Am besten wäre es, meinen viele Familienrichter, wenn sie vor den komplizierten Trümmern einer Ehe stehen, den Ehevertrag bei veränderter Lebenssituation zu aktualisieren oder mögliche Veränderungen im Voraus zu regeln. Aber wer weiß schon, wie das Leben so läuft, und wer wird während der Ehe dauernd einen neuen Ehevertrag aufsetzen?

Bei verschachtelten Vermögens- und Familienverhältnissen, bei Familienunternehmen, bei Beteiligung an einer GmbH, wenn abzusehen ist, dass bei einer normalen Zugewinngemeinschaft Streit und Ungerechtigkeit entstehen könnten, ist ein Ehevertrag vernünftig. Ein Abschluss sollte auch während der Ehe kein Tabu sein.

Bei einer *Gütertrennung* besitzt jeder Ehepartner sein eigenes Vermögen und behält dies auch während der Ehe. Der Zugewinn steht dann nicht beiden Partnern zur Verfügung, sondern gehört immer demjenigen, der den Gewinn erwirtschaftet hat. Der Vertrag auf Gütertrennung muss vor einem Notar geschlossen werden. Hier muss genau aufgelistet werden, was beide Partner bei der Eheschließung besitzen. Außerdem müssen sie ständig ihre Vermögensaufstellung auf den neuesten Stand bringen.

Die *Gütergemeinschaft* muss ebenfalls notariell bestätigt werden. Sie kommt aber heute kaum noch vor, da hier alles, was die Partner in die Ehe einbringen, zu einem gemeinsamen Vermögen verschmilzt. Bei einer Scheidung wird alles zur Hälfte aufgeteilt.

Nach einem *Trennungsjahr* kann man die *Scheidung* einreichen. In diesem Jahr muss man nicht unbedingt getrennt voneinander wohnen, aber jeder Partner muss für sich selbst haushalten. Also einkaufen, waschen, Essen kochen. Kurzfristige Versöhnungen inklusive Geschlechtsverkehr haben keine aufschiebende Wirkung. Nur in Ausnahmefällen kann auch schneller geschieden werden (Frau prügelt Mann, Mann hat Affäre mit Schwiegermutter). In seltenen Fällen stellt der Familienrichter fest, dass die Ehe noch nicht endgültig zerrüttet ist. Dann wird erst nach drei Jahren Ehe geschieden.

Bei Ehescheidungen herrscht Anwaltszwang, allerdings nur für den Antragsteller. Der Antragsteller muss seine Scheidung mit einem Anwalt beim Familienrichter einreichen. Bei unfreundlichen und komplizierten Trennungen sollte sich auch der andere Partner nach einem Rechtsbeistand umsehen.

Grundsätzlich verbleibt nach der Scheidung das *Sorgerecht* für die Kinder gemeinsam bei beiden Eltern. Ein Elternteil kann jedoch einen Antrag auf alleiniges Sorgerecht stellen.

Theoretisch ist nach einer Scheidung jeder Partner für sich selbst verantwortlich. Einen grundsätzlichen Anspruch auf *Unterhalt* gibt es nicht. Beide müssen sich ihren Lebensunterhalt selbst verdienen.

So weit die Theorie. Kann ein Ehepartner nach der Scheidung nicht selbst für seinen Unterhalt sorgen, so hat er gegen seinen Ehegatten Anspruch auf Unterhalt nach den folgenden Bedingungen, heißt es im Bürgerlichen Gesetzbuch (§ 1569): Unterhalt wegen Betreuung eines Kindes, wegen Alters, Krankheit und Gebrechlichkeit, wegen Erwerbslosigkeit, Ausbildung oder Bedürftigkeit.

Nach einer Scheidung sollte der bisherige Lebensstandard gehalten werden können. Jedem Partner steht als Unterhalt grob gerechnet die Hälfte des in der Ehe vorhandenen Gesamteinkommens nach Abzug von Kreditbelastungen und/oder Kindesunterhalt für die gemeinsamen Kinder zu. Ist der Unterhaltspflichtige erwerbstätig, so ist ihm ein Anreiz zur Arbeit zu belassen. Deshalb wird das Einkommen nicht geteilt, sondern der Unterhaltspflichtige erhält vier Siebtel und der Unterhaltsbedürftige drei Siebtel.

Nach einer kinderlosen, sehr kurzen Ehe unter einem Jahr gibt es überhaupt keinen Unterhalt (aber den Zugewinn aus der gemeinsamen Ehezeit), bei einer kurzfristigen Ehe nur eine Zeit lang. Eine allgemeine Regel für die Dauer der Unterhaltszahlungen existiert nicht, das setzt der Familienrichter fest.

Der Unterhalt für Kinder wird in der Regel nach der so genannten Düsseldorfer Tabelle berechnet.

@ **www.agiburg.de/ag_duest.htm**

Essen und Trinken

In der Pubertät lehnt man die Meinungen seiner Eltern ab. Erst
später aber, viel später, befreit man sich von Mamas Küchenerbe. Das betrifft sowohl die Vorlieben − Bratkartoffeln müssen
kohlschwarz angebrannt sein, Pizza bitte nur mit Senf − als
auch die Abneigungen. Selbst manche Fünfzigjährige haben
ihr frühkindliches Trauma Sauerkraut noch nicht überwunden,
ein eindeutiges Zeichen mangelnder Reife.

Jeder Mensch sollte ein bisschen kochen können. Es könnte
ja sein, dass plötzlich sämtliche Imbissbuden in einen Generalstreik treten. Und wie kommt man dann zu einer leckeren
Currywurst? Es gibt mehrere Tausend Kochrezepte. In den
hier aufgeführten Rezepten werden die Trends der modernen
Küche befolgt: Fettarm, denn generell wird viel zu fett gegessen. Wenig Fleisch, auch das kommt viel zu oft auf den Teller.
Alle Rezepte sind relativ schnell zubereitet, und auch Laien
können nichts falsch machen.

@ www.japanesefood.about.com/food/japanesefood/
   mbody.htm
   www.kochbuch.unix-ag.uni-kl.de
   www.chinanah.com/gerichte.htm
   www.kuechentipps.de

Acht Rezepte aus fünf Kontinenten

Spaghetti mit Pesto

Zutaten: 150 g Spaghetti pro Person
1 Basilikumpflanze (frisch)
1 Knoblauchzehe
50 g Pinienkerne
50 g Parmesan
Olivenöl nach Bedarf
Salz und Pfeffer nach Belieben

Zubereitung: Einen großen Topf mit reichlich Wasser aufsetzen, Deckel draufgeben, bis das Wasser sprudelnd kocht. Erst dann salzen, denn Salzwasser braucht länger, bis es kocht. Kein Öl hineingeben, das ist Unsinn. Lange Spaghetti in zwei Teile brechen und bei offenem Topf kochen. Ein- bis zweimal umrühren, damit sie nicht verkleben. Wenn nichts anderes auf der Packung steht: Kochzeit 8 Minuten. Oder testen, ob die Pasta al dente ist. Wasser abgießen. Ob man die Spaghetti mit kaltem Wasser kurz abschreckt, ist umstritten. Hausfrauen schwören darauf, professionelle Köche schaudern bei der Vorstellung.

Für den Pesto: Alle Blätter des Basilikums abzupfen, zusammen mit dem Knoblauch, den Pinienkernen, dem Parmesankäse und einem kräftigen Schuss gutem Olivenöl pürieren. Olivenöl oder warmes Wasser hinzufügen, bis das Ganze eine sämige Masse ergibt. Mit Salz und Pfeffer abschmecken.

Variante: Sehr gut schmecken angebratene Austernpilze dazu.

Soja-Mirin-Huhn

Zutaten: 1 Hühnerschenkel pro Person
Alufolie
1 Schuss Sherry
1 Schuss Sojasauce
1 Esslöffel brauner Zucker, wahlweise Honig
Senf nach Belieben

Zubereitung: Für dieses köstliche japanische Gericht die Hühnerschenkel entbeinen. Das ist eine arge Metzgerei und das einzig Anstrengende an dem Rezept. Mit einem scharfen Messer schlitzt man den Schenkel von den beiden Knochenenden innen auf. Dann um das Fußende herumschneiden und sich schabend Richtung Gelenk vorarbeiten. Nach dem zweiten oder dritten Schenkel hat man den Bogen raus. Oder man lässt es gleich den Metzger machen.

Die Haut mit einer Gabel einstechen. Die nun knochenlosen Hühnerteile mit der Haut nach unten auf eine feste Alufolie legen. Aus dem Sherry, genauso viel Sojasauce und dem braunen Zucker eine Sauce rühren. Nicht salzen, kein Pfeffer, kein Öl.

Diese Sauce schütten Sie über das Fleisch, das auf der Alufolie liegt. Aber Vorsicht, es darf nichts auslaufen! Nun verpacken Sie die Folie fest um das Fleisch und legen das Päckchen in einen Wok oder eine Pfanne. Oder in den vorgeheizten Backofen, dort kann es 25 Minuten bei mittlerer Hitze bleiben.

Im Wok bzw. in der Pfanne öffnen Sie das Silberpäckchen nach 8 Minuten und wenden das Fleisch mit einer Gabel, sodass jetzt die Haut oben liegt. Alufolie wieder gut verschließen und weitere 4 Minuten garen lassen. Das Fleisch herausheben, in Streifen schneiden und sofort servieren.

Die Bratensauce in der Alufolie unbedingt auffangen und mit Senf anmachen.

Dazu passt Reis und Feldsalat.

So isst man mit Stäbchen

Curry

Curry ist eine Gewürzmischung. Es gibt sie fertig zu kaufen, oder man macht sein Curry selbst. Zutaten sind: Zitronengras, Garnelenpaste, Chilischoten, Knoblauch, Galgant, Ingwer, Krachai (Fingerwurz), Kurkuma, Kreuzkümmel, Fischsauce, Nelken, weißer Pfeffer, Garam Masala, Gelbwurz, Koriandersamen, -blätter und -wurzeln.

Aber um Gottes willen nicht alles auf einmal! Sondern eine Auswahl von circa 5 Zutaten. Diese zerstößt man in einem Mörser und brät sie 1 bis 2 Minuten im heißen Wok mit etwas Erdnussöl. Erdnussöl wird von allen Speiseölen am heißesten, ist geschmacksneutral und hat vor allem in der asiatischen Küche einen festen Platz. Nach dem Anbraten der Gewürze – dabei immer ein wenig rühren – kommen die anderen Zutaten dazu: Gemüse, Kartoffeln, Fisch, Fleisch, Obst nach Lust, Laune und Garzeiten. Kartoffeln dauern dreimal länger als Fisch. Alles vorher in mundgerechte Stücke schneiden, denn asiatische Gerichte isst man stets ohne Messer.

Indisches Curry

Zutaten   Öl (wahlweise Erdnuss- oder Sesamöl)
für vier   ½ Teelöffel Kreuzkümmelsamen
Personen: 50 g fein gehackte Zwiebeln
    ½ Teelöffel Chilipulver
    ½ Teelöffel Garam Masala
    ½ Teelöffel Koriandersamen, gemahlen
    Salz, 2 Esslöffel Magerjoghurt
    1 Knoblauchzehe
    Ingwer nach Belieben
    Wasser
    450 g Dorsch oder Schellfisch
    1 grüne Peperoni
    einige Korianderblätter

Zubereitung: Öl in einer Pfanne oder im Wok erhitzen und die Kreuzkümmelsamen ½ Minute rösten. Zwiebeln zufügen, glasig werden lassen, dabei ständig umrühren. Dann Chilipulver, Garam Masala, Koriandersamen, Salz und Magerjoghurt dazugeben, 1 Minute schmoren lassen. Die klein geschnittene Knoblauchzehe und geriebenen Ingwer zufügen. Unter ständigem Rühren mit etwas Wasser braten lassen. Eindampfen, rühren, Wasser dazugeben. Zwei- bis dreimal Wasser nachgießen und eindampfen. Den klein geschnittenen Dorsch oder Schellfisch, die Peperoni sowie ein paar Korianderblätter dazugeben und geschlossen 20 Minuten bei geringer Hitze garen. Mit frischem Koriander (oder Minze) garnieren und servieren.

Thailändisches Curry

Zutaten: ½ Teelöffel Chili
4 weiße Pfefferkörner
1 Knoblauchzehe und 1 Schalotte
1 Korianderwurzel
1 Teelöffel Salz
½ Teelöffel Galgant
½ Teelöffel Zitronengras
½ Teelöffel Limettenschale
½ Teelöffel Garnelenpaste
Erdnuss- oder Sesamöl
200 g Rinderlende
300 g flüssige Kokosnussmilch
1 rote, frische Chilischote
1 Teelöffel Zucker
Fischsauce nach Belieben
frisches Basilikum nach Belieben

Zubereitung: Chili, weißen Pfeffer, Knoblauch, Schalotten, Korianderwurzeln, Salz, Galgant, Zitronengras, Limettenschale und Garnelenpaste im Mörser pürieren und 3 Minuten im heißen Öl anbraten. Das klein geschnittene Fleisch mitbraten, dann mit Kokosnussmilch ablöschen und 15 Minuten köcheln lassen. Die Chilischote entkernen und klein hacken und mit dem Zucker hinzugeben. Mit Fischsauce abschmecken – sie salzt das Curry. Vor dem Servieren mit Limettenschale und frischem Basilikum bestreuen.

Eingelegter Fisch und Kokoda

Zutaten: 125 g Fischfilet (Seezunge, Heilbutt oder
Red Snapper)
je 1 Zitrone und 1 Limette
1 rote Peperoni, klein geschnitten
1 rote Zwiebel, klein geschnitten
1 Knoblauchzehe
Salz
Pfeffer

Zubereitung: Für diese Vorspeise aus Peru einen festen weißen Fisch wie Seezunge, Heilbutt oder Red Snapper in 2 cm lange Stücke schneiden. Den Saft der Zitrone und der Limette mit Peperoni, Zwiebel, Knoblauch, Salz und Pfeffer verrühren. Diese Marinade über den Fisch gießen, der auf einer Schale liegt, die weder aus Plastik noch aus Metall ist. Circa 3 Stunden im Kühlschrank aufbewahren. Nicht länger, sonst zerfällt der Fisch. Das Eiweiß gerinnt, und der Fisch wird durch die Säure von Zitrone und Limette gegart wie durch Hitze.

Man kann das Gericht auch als Salat zubereiten. Die Fischstücke werden nur mit Salz und Limettensaft wie oben beschrieben gegart. Dann wird der Saft entfernt, der Fisch mit Küchenkrepp abgetupft und mit dünnen Streifen roter Paprika, fein geschnittenen Schalotten, gewürfelten Cherry-Tomaten, etwas rotem Chili und Ingwer sowie Kokoscreme angemacht. Dieses Gericht heißt **Kokoda** und kommt von den Fidschi-Inseln.

So wird Fisch filetiert

1 Die Haut mit dem Messer am Rücken entlang vom Schwanz zum Kopf durchtrennen.

2 Die Haut dicht am Kopf lösen, um die Schneide des Fischmessers wickeln und entfernen.

3 Das Filet hinter dem Kopf und am Schwanz bis zur Rückengräte durchtrennen.

4 Das Filet mit dem Fischmesser vom Schwanz zum Kopf von den Gräten lösen und auf einen Teller legen.

5 Die Gräten vom unten liegenden Filet entfernen, indem man
die Gräte am Schwanz mit der
Gabel hält und sie mit dem
Messer ablöst.

6 Gräte mit Kopf vom liegenden
Fisch wegheben.

Gehackter Hering

Zutaten: 3 Mürbekekse
1 Granny-Smith-Apfel
1 hart gekochtes Ei
1 filetierter, gesalzener Hering
Essig nach Belieben
Pfeffer nach Belieben
Zimt nach Belieben
Zucker nach Belieben

Zubereitung: Das ist ein polnisch-jüdisches Arme-Leute-Essen zum Fastenbrechen. Als Salat für zwei Personen die Kekse zerbröseln, den ungeschälten Granny-Smith-Apfel vierteln und grob schnetzeln. Das Ei zerkleinern, den Salzhering hacken. Alle Zutaten in einer Schüssel gut vermischen – sie sollten aber keinen Brei ergeben –, mit Essig anmachen, pfeffern, mit Zimt und Zucker abschmecken.

Couscous

Zutaten	1 Zwiebel
für vier	Fett zum Braten
Personen:	½ Teelöffel Kurkuma
	1 Prise Chilipulver
	1 Teelöffel Ingwer
	1 Zimtstange
	1 Karotte, dick geschnitten
	1 Pastinake, dick geschnitten
	½ l Gemüsebrühe
	150 g Kürbis
	150 g Rosenkohl
	1 Zucchini, mittelgroß
	1 Dose Kichererbsen
	Safran
	frische Korianderblätter
	frische Petersilie
	1 Esslöffel Olivenöl
	30 g Butter
	1 Packung Couscous (fertig)

Zubereitung: Die klein geschnittene Zwiebel in einer Pfanne mit Fett glasig werden lassen. Kurkuma, Chilipulver und Ingwer zufügen, kurz braten. Zimtstange, Karotte und Pastinake (auch Kartoffeln oder Süßkartoffeln) und Gemüsebrühe dazugeben. Im geschlossenen Topf 5 Minuten garen. Gewürfelten Kürbis, Rosenkohlrosetten und geschnittene Zucchini zufügen. 10 Minuten garen. Kichererbsen, Safran, Korianderblätter und Petersilie dazugeben und 5 Minuten garen.

Couscous in einer Schüssel mit genauso viel kochendem Wasser übergießen und 2 Minuten ziehen lassen. Olivenöl und Butter unter den Couscous ziehen. Das Gemüse auf den Couscous betten.

Kleine Weinkunde

Die alte Regel, Rotwein zu rotem Fleisch und Weißwein zu weißem Fleisch und Fisch, gilt längst als spießig. Heute achtet man auf die Sauce: Schwere Sauce, schwerer Wein, leichte Sauce, leichter Wein − egal, ob rot oder weiß.

Weißwein trinkt man gekühlt, aber nicht zu kalt. Rotwein soll Zimmertemperatur haben, und man lässt ihn vorher zwei bis drei Stunden atmen. Das heißt, man dekantiert − so der Fachausdruck − den Wein, indem man ihn in eine Karaffe umschüttet. Der Wein schmeckt dann wirklich dreimal besser. Nur in der Not einfach entkorkt stehen lassen, denn die kleine Oberfläche kann kaum atmen. Nicht in einer Küche dekantieren, in der Knoblauchschwaden dampfen.

Für jeden Wein gibt es spezielle Gläser (siehe Abbildung Seite 152). Rotweingläser haben eine größere Öffnung als Gläser für Weißwein. Die Flasche darf niemals beim Einschenken das Glas berühren.

Wie werde ich Weinkenner? Es hilft nichts, Sie müssen selbst probieren. Suchen Sie sich eine Weinhandlung aus, und lassen

Sie sich beraten. Missfällt Ihnen deren Geschmack, suchen Sie sich eine andere Bodega (spanisch für Weinkeller). In guten (teuren) Restaurants verlassen Sie sich ruhig auf den Sommelier (Weinkellner).

Brut nennt man trockene Schaumweine.

Demi-sec heißt halbtrocken und bedeutet bei Champagner süß.

Dessertweine werden in breiten Gläsern gereicht, damit sich das Bukett entfalten kann. Die bekanntesten Sorten sind: Portwein, Marsala, Madeira, Tokajer. Auch den Eiswein aus gefrorenen Trauben trinkt man erst nach dem Essen.

Und hier eine Auswahl verbreiteter Weine:

Rotweine

Barbera: Die Traube stammt meist aus Norditalien, die Weine reichen von tieffarbig, trocken bis süß, extraktarm oder kräftig.

Beaujolais Primeur: Ein für seine Wirkung berüchtigter, heller, fruchtiger Rotwein aus der Gamay-Traube. Als einer der wenigen Rotweine wird er sehr jung und gekühlt, bei 11 bis 13 Grad, getrunken.

Cabernet Sauvignon: Darf nicht zu neu sein, damit sein feines Bukett über dem dunklen, säure- und gerbstoffreichen Wein richtig zur Geltung kommt.

Chianti: Lebendiger, frischer und fruchtiger Rotwein aus der Toskana, der jung getrunken wird und dem ein Billigweinimage für Studenten anhaftet. Deshalb nicht im Supermarkt, sondern in einer Weinhandlung kaufen.

Die richtigen Weingläser

1 Champagner;
2 Riesling;
3 Chardonnay, Sauvignon blanc;
4 Desserwein;
5 Beaujolais, Rotburgunder; **6** Rioja, Chianti; **7** reife Burgunder, alte Barolo

Lambrusco: Rebsorte aus der Emilia-Romagna; wird fast immer für perlende (moussierende) Rot- und Roséweine verwendet. Wie der Chianti ein Wein mit Imageschaden.

Merlot: Ein sanfter, milder Wein aus Bordeaux, Chile und Kalifornien. Meist ein guter Griff.

Spätburgunder: Ein hochwertiger, kräftiger und samtiger Wein, oft mit einem feinen Bittermandel-Aroma. Auch als Pinot Noir bzw. Pinot Nero bekannt. Passt nicht zu jedem Essen.

Zinfandel: Der Kalifornier schlechthin. Es gibt ihn in Weiß, Rosé und Rot. Letzterer ist oft relativ hochprozentig.

Weißweine

Chardonnay: Wegen des Booms in den letzten Jahren ein ABC-Wein (»Anything but Chardonnay«). Rassig und aromareich. Im Fachhandel kaufen (nicht zu jung).

Edelzwicker: Ein Verschnitt aus edlen Weißweinen, stets trocken und besonders gut aus dem Elsass.

Entre-deux-Mers: Eines der Hauptanbaugebiete für Bordeauxweine mit eher trockenen Weißweinen, die gut zu Austern und Fisch passen.

Grüner Veltliner: Die ehrliche Haut aus Österreich. Der grünlich-gelbe, später goldgelbe Wein ist frisch, spritzig, manchmal eher herb. Im Fachhandel eine gute Qualität zu erschwinglichem Preis. Als junger Heuriger ein echter Wirtshauswein, im Alter durchaus edel.

Gutedel: Eine alte Tafel- und Keltertraubensorte, die vor allem im Markgräfler Land (Baden) zu finden ist. Der weiße Schoppenwein ist leicht, süffig und mild, spritzig-erfrischend mit dezentem Bukett. Er schmeckt jung und frisch am besten.

Müller-Thurgau: Diese alte Kreuzung aus Riesling und Silvaner ist berühmt und berüchtigt als typisch deutscher süffiger Wein. Wegen des Imageschadens läuft der Wein auch unter dem Namen Rivaner, um sich qualitativ von den bisherigen Müller-Thurgau-Weinen abzuheben.

Muscadet: Ein leichter, fruchtiger Wein mit geringer Säure und etwas empfindlich bei falscher Lagerung.

Muskateller: Etwas für Liebhaber von Muskatgeschmack.

Prosecco: Typische Rebsorte Venetiens für leichte, sehr fruchtige und trockene bis leicht süßliche Weißweine. Wird oft statt Sekt getrunken. Yuppie- und Sekretärinnen-Image.

Riesling: Ein völlig zu Unrecht verachteter Wein. Deutschlands beste Rebsorte gilt als Traube der Zukunft. Ausgewogen blumig, im Alter ölige Duftnuancen, sehr lange haltbar, betonte Säure, die sich langsam abbaut.

Sauvignon blanc: Gibt es aus fast jedem Anbaugebiet. Der aromatische, leichte oder aber auch alkoholschwere Wein mit einem grasigen, stachelbeerähnlichen Geschmack hat eine lebhafte Säure.

Silvaner: Ein in Deutschland beliebter Wein mit erdigem oder rauchigem Geschmack.

Trebbiano: Die Traube liefert meist trockene, aromatische Weißweine mit zartem Bittermandelgeschmack.

Weißburgunder: Der vollmundige und vornehme Wein mit einem charakteristischen Walnussgeschmack ist der ideale Tropfen für den Schwiegervater. Weißburgunder aus guten Jahren sind hervorragend für Spätlesen geeignet, die im Alter immer besser werden.

Küchenausstattung

Neben Geschirr, Besteck und Gläsern braucht man in einer Küche, in der gekocht werden soll, einen Teekessel, einen kleinen Topf, einen mittleren Topf für Gemüse und einen großen Topf für Spaghetti und Suppen. Möglichst mit hitzeisolierten Griffen!

Bei der *Pfanne* scheiden sich die Geister. Die eine Fraktion schwört auf Pfannen mit Antihaftbeschichtung, die kaum Fett brauchen und ideal für Fisch und Eierspeisen sind. Der Nachteil: Sie zerkratzen leicht und lassen sich nicht in die Geschirrspülmaschine stellen. Andere nehmen nur gusseiserne Pfannen in die Hand, weil diese die Hitze besser speichern und sich für Fleisch und Bratkartoffeln eignen. Aber gusseiserne Pfannen sind empfindlicher, als man denkt. Nicht darin schneiden, kratzen oder kaltes Wasser in die heiße Pfanne schütten. Profis hingegen benutzen Eisenpfannen für Bratkartoffeln und Fleisch. Eine eiserne Pfanne hat Charakter, neu benötigt sie viel Fett, im Alter weniger, das Eisen kühlt schnell ab, und es brutzelt nichts nach.

Wer sich nicht entscheiden kann, nimmt eine Edelstahlpfanne, das ist ein robuster Allrounder.

Nachdem die Pfannenfrage geklärt wurde, fehlen noch ein Sieb, verschieden große Salatschüsseln, ein Hackbrett für Gemüse, eines für Fleisch und Fisch, eine Gemüsereibe sowie ein Bratenwender aus Holz und einer aus Metall. Außerdem Kochlöffel, Auffülllöffel, Suppenkelle, Korkenzieher, Dosenöffner, Flaschenöffner, Pfeffermühle. Mehrere Messer: ein kleines, scharfes für Gemüse, ein größeres, noch schärferes für Fleisch, ein Brotmesser.

Wer den Kochlöffel schwingt, braucht überdies: Geschirrspülmittel, Scheuermilch, Generalreiniger, Glasreiniger, Lappen, Schwämmchen, Spülbürste, Topfreiniger (Stahlwollepads), Haushaltstücher, Servietten, Alufolie, Frischhaltefolie sowie Zahnstocher.

Die erweiterte Palette

So weit die Basisausrüstung. Sinnvoll sind auch: Pürierstab, Toaster, Mixer, Knoblauchpresse, Zitronenpresse, Schneebesen, Gemüsehobel, Terrine, Springform, Kuchenblech, Geflügelschere, Tortenheber und Schöpfsieb.

Wie wäre es darüber hinaus mit Muskatreibe, Salatschleuder, Teigroller, Messbecher?

Wok, Römertopf, Fondue-Set, Tischgrill, Mikrowelle, Espressomaschine, chinesischer Feuertopf, Fritteuse, Waffeleisen, Saftpresse und Nudelmaschine sind Weltanschauungsdinge.

Man lebt nicht nur vom Brot allein

Außer der »Hardware« braucht jeder Koch natürlich auch die »Software«. Ständig vorrätig haben sollte man Salz, Pfeffer (aus der Mühle), Zucker, Brühwürfel oder Gemüsebrühe, Essig, Öl, Senf. Außerdem Zwiebeln, Eier, Reis, Nudeln, Tomaten in der Dose, Milch, Butter.

In der Küche des Feinschmeckers finden sich darüber hinaus Knoblauch, Ingwer, Sardellenfilets, Chilischoten, Sherry, verschiedene Fonds, frische Kräuter, Parmesan, Sojasauce, Crème fraîche.

Lebensmittel aufbewahren

In den oberen Bereich des *Kühlschranks* kommen Eier, Käse und Milchprodukte. Darunter liegen Fleisch, Wurst und Fisch. In den Schubfächern am Boden lagern Gemüse und Obst. In der Kühlschranktür stehen Getränke, Senf und Butter. Tief hinten im Kühlschrank ist es kühler als vorn.

Tiefkühlfach: Fleisch hält sich tiefgefroren drei bis zwölf Monate, Gemüse sechs bis zwölf Monate und Obst acht bis zwölf Monate.

Brot in einem Kasten aus Blech oder Keramik aufbewahren; regelmäßig mit Essigwasser reinigen.

Salate und Gurken bleiben in angefeuchtetem Papier länger frisch.

Karotten ohne Grün verwelken langsamer.

Äpfel nicht neben Kartoffeln lagern, sonst keimen die Kartoffeln.

Parmesan bleibt frisch, wenn man ihn mit Salz bedeckt.

Pilze und Spinat darf man wieder aufwärmen; aber im Kühlschrank aufbewahren.

Spitzkohl schmeckt aufgewärmt nicht, im Gegensatz zu anderen Kohlsorten, die durch Aufwärmen oft sogar besser werden.

Bratenreste wärmt man (sofern man keine Mikrowelle hat) am besten auf, indem man die Scheiben in einem Sieb über einen Topf mit kochendem Wasser hängt. So bleibt der Braten viel saftiger, als wenn man ihn in der Sauce warm macht.

Gesund essen

Die gesunde Devise lautet: wenig Fleisch, wenig Zucker, wenig Alkohol. Viel trinken: Tee, Saft und Wasser. Das Essen gut kauen statt herunterzuschlingen.

Die moderne Devise heißt Slow Food, denn langsam gekochtes Essen schmeckt besser. Essen aus der Mikrowelle hat oft einen metallischen Geschmack.

Generell gilt: **Obst und Gemüse** aus der Region einkaufen, und zwar während der Reifezeit. Wenn möglich aus biologischem Anbau. Erdbeeren während der heimischen Saison kaufen, importierte Ware ist oft mit Pestiziden belastet. Salate haben keinen hohen Nährwert, aber viele Nitrate, besonders Rucola. Spinat ist leider auch nitratreich. Deshalb besser im Bioladen einkaufen.

Lamm, Pferd und Rind wachsen gesünder auf als Schwein und Geflügel und sind beim **Fleisch** deshalb vorzuziehen. Verfolgen Sie aber den Stand der BSE-Diskussion; Muskelfleisch vom Rind gilt als sicher. Auf Innereien besser verzichten, weil sich dort Giftstoffe anreichern. Puten leben während Aufzucht und Mast in qualvoller Enge.

Fisch: Lachs und Garnelen werden in sehr umweltschädlichen Aquakulturen gezüchtet und sind mit Antibiotika belastet. Besser sind Muscheln, Hochseefische und Forellen. Allerdings weisen Hai, Thunfisch und Heilbutt einen gewissen Quecksilberanteil auf, und zwar von Unterwasservulkanen und nicht durch Umweltverschmutzung. Deshalb nicht jede Woche essen.

Pilze: In Wildpilzen – Hände weg von Maronen! – sammeln sich Schwermetalle an. Zuchtpilze wie Champignons und Austernpilze sind unbedenklich.

Alle Ernährungsexperten und Dutzende Diätbücher raten zu **fettarmer Ernährung**. Das heißt im Klartext: 30 Gramm Fett am Tag bei Übergewicht, 60 Gramm Fett bei Normalgewicht. Frittiertes und Gebratenes meiden. Billige Wurst und teurer Käse, Croissants und Süßigkeiten sind fettreich. Suppen, Eintöpfe (ohne fettes Fleisch) und asiatisches Essen sind hingegen fettarm. Nudeln, gekochte Kartoffeln und Reis auch – wenn die Saucen nicht zu sahnehaltig sind.

 www.fb4.de/gesundheit/elle.htm
www.saueregger.de/richtwerte.htm

Obst- und Gemüsekalender
Wann ist was reif (und damit preisgünstig)?

Januar: Apfel, Orange. Blumenkohl, Chicorée, Karotten, Rosenkohl.

Februar: Apfel, Orange. Karotten, Rosenkohl.

März: Apfel, Orange.

April: Apfel, Orange. Blumenkohl, Spargel, Tomaten.

Mai: Erdbeere, Orange. Aubergine, Blumenkohl, Kopfsalat, Spargel, Tomaten.

Juni: Aprikose, Erdbeere, Kirsche, Orange, Pfirsich, Stachelbeere. Aubergine, Erbsen, Gurken, Kohlrabi, Kopfsalat, Paprika, Spargel, Tomaten.

Juli: Aprikose, Erdbeere, Heidelbeere, Himbeere, Johannisbeere, Kirsche, Mirabelle, Pfirsich, Pflaume, Stachelbeere, Weintraube. Aubergine, Blumenkohl, Bohnen, Brokkoli, Erbsen, Gurken, Kohlrabi, Kopfsalat, Paprika, Zucchini.

August: Apfel, Aprikose, Birne, Brombeere, Mirabelle, Pfirsich, Pflaume, Stachelbeere, Weintraube. Aubergine, Blumenkohl, Bohnen, Brokkoli, Chinakohl, Erbsen, Gurken, Kohlrabi, Kopfsalat, Karotten, Paprika, Zucchini.

September: Apfel, Birne, Brombeere, Pflaume, Weintraube. Chi-corée, Feldsalat, Gurken, Karotten, Kohlrabi, Kopfsalat, Pa-prika, Zucchini.

Oktober: Apfel, Birne. Chicorée, Feldsalat, Karotten, Kohlrabi, Kopfsalat, Paprika, Zucchini.

November: Apfel, Birne, Orange. Chicorée, Feldsalat, Karotten, Paprika.

Dezember: Chicorée, Feldsalat.

Tipps und Tricks

- Zitrusfrüchte geben mehr Saft, wenn man sie vorher rollt oder in warmes Wasser legt.

- Wenn man ein kleines Loch in die Zitrone sticht, kann man den Saft tröpfchenweise auspressen.

- Zitrone reinigt von Fischgeruch und -geschmack.

- Eine durchgeschnittene Zitrone trocknet nicht aus, wenn man sie in eine Tasse mit Zucker gibt. Mit der Schnittfläche nach unten auf den Zucker legen, und die Zitrone bleibt bis zu zwei Wochen saftig frisch.

- Zitronenscheiben im Badewasser machen eine schöne Haut.

- Für Pfannkuchen erst etwas Mehl mit den Eiern verrühren. Milch und Mehl abwechselnd nachschütten. Es gibt Klum-pen, wenn man Mehl direkt in die Milch gibt.

- Mit sprudelndem Mineralwasser werden Pfannkuchen und Omeletts luftiger.

- So wendet man Pfannkuchen: Auf einen großen Topfdeckel gleiten lassen, den Deckel auf die Pfanne stülpen, fertig.

- Gekochten Reis in ein Schälchen füllen, und den Teller darauf legen. Dann umdrehen, und der Reis bildet ein leckeres Hügelchen.

- Tee nie in Kaffeekannen aufbrühen.

- Für Tee stets kochendes Wasser benutzen, nur bei grünem Tee lässt man das Wasser ein paar Minuten nach dem Kochen auf etwa 80 Grad abkühlen.

- Grüner Tee kann zweimal aufgegossen werden. Er ist gut gegen freie Radikale. Aber achten Sie darauf, dass er nicht DDT-belastet ist.

- Riecht die Hand nach Zwiebeln oder Knoblauch, alle fünf Finger auf einen Edelstahllöffel legen und kaltes Wasser darüber laufen lassen. Weg ist der Geruch.

- Hat man reichlich Knoblauch verzehrt, Petersilie essen und Milch trinken – so macht man sich weniger Feinde.

- Ingwer hilft gegen Mundgeruch.

- Wenn man Fisch zum Braten oder Frittieren paniert, etwas Parmesankäse unter das Paniermehl mischen. Dann riecht es beim Braten viel weniger nach Fisch.

- Beim Braten spritzt das Fett in der Pfanne wesentlich weniger, wenn man eine Prise Salz hinzugibt.

- Kaltes Wasser auf vergossenes heißes Fett gießen. Es wird sofort fest und lässt sich leicht abkratzen.

☕ Eine fette Brühe kann man entfetten, indem man Küchenkrepp auf die Brühe legt. Das saugt eine Menge Fett auf.

☕ Ein paar Reiskörner im Salzfässchen verhindern Klumpen-
bildung.

☕ Nicht gut abgehangenes Rindfleisch mit Cognac übergießen. Auch bei zähem Geflügel wirkt dieser Trick und macht
das Fleisch viel weicher und zarter. Den Cognac schmeckt
man hinterher nicht.

☕ Bei Fleisch rechnet man 125 Gramm pro Person, bei Fisch
200 Gramm, bei Miesmuscheln ein Kilo.

☕ Wenn die Kartoffeln nicht kochen wollen: Einen Löffel
Margarine ins Kochwasser geben. Das erhöht den Siede-
punkt, die Kartoffeln kochen schneller. So behalten sie auch
mehr Vitamine.

☕ Mit einem neuen Topfreiniger aus Kunststoff oder Metall-
geflecht kann man einfach Karotten oder Rettich putzen.

☕ Kirschen lassen sich gut mit Zahnstochern entkernen. Einfach durchstoßen.

☕ Bevor man Auberginen zubereitet, die Früchte aufschnei-
den, etwas Zitronensaft und Salz darauf geben und sie dann
eine gute halbe Stunde liegen lassen. Dann schmecken die
Auberginen besser und weniger bitter. Unreife Auberginen
sind giftig.

☕ Scharfe, gute Messer und schönes, teures Porzellan kommen
nicht in die Spülmaschine. Beides wird sonst stumpf.

☞ Wie oft zieht man einen Korken aus der Flasche und bringt ihn danach nicht mehr rein? Einfach den Korken kurz in kochendes Wasser tauchen. Er schrumpft dadurch und passt wieder in die Flasche.

☞ Bei freundlichen McDonald's-Filialen gibt es auch mal einen Sack Eiswürfel umsonst.

☞ Das übliche Salatdressing aus Essig und Öl lässt sich prima mit Senf, Orangenmarmelade, Mango-Chutney oder sogar Currypaste verfeinern.

☞ Erdbeeren mit Pfeffer sind eine leckere Überraschung im Salat. Oder wie wäre es einmal mit einem Ingwerbonbon in der Karottensuppe? Oder das Brathühnchen mit Lebkuchen und (Wasser-)Kastanien füllen. Oder statt Petersilie Koriander verwenden. Oder in den Pizzateig gekochte Kartoffeln einkneten. Und die Pizza oder Quiche mit Pesto bestreichen. Oder den Matjeshering auf einer Honigkuchenscheibe servieren. Oder Kardamom ins Kaffeepulver mischen. Oder Schwarzwurzeln in Kokosmilch garen.

Liebe und Sex

Nirgendwo sonst kann man sich so allein gelassen fühlen wie mit einem anderen Menschen im selben Bett. Bin ich gut im Bett? Hätte ich mir vorher vielleicht doch die Zehennägel schneiden sollen? Gebe ich beim Sex komische Geräusche von mir? Diese existenziellen Fragen auf dem Betttuch sind äußerst wertvolle Erfahrungen.

Durch Unsicherheit wird Sex zum Abenteuer. Da muss man durch, das gehört zum Erwachsenwerden und sollte nicht durch doofe Sextipps zerstört werden, wie: »Ich habe Mundgeruch und schlechte Manieren – wie krieg ich sie trotzdem rum?«

Sex ist Privatsache. Da soll einen keine Mama, kein Sportreporter und kein Berater von Stiftung Warentest an die Hand nehmen und sagen, wo es langgeht. Deshalb dreht sich dieses Kapitel – Vorsicht, es wird geduzt! – um die nackten Tatsachen: Verhütung und Schwangerschaft. Den Rest, die Sextipps, die erogenen Zonen, den schwulen Slang, die Kamasutra-Stellungen findet ihr im Internet unter:

@ **www.i-v-y.de/kamasutra/stellungen/01.htm**
www.amica.de/love_soul/lovelife/sextipps
www.feelok.ch/v1/liebe/mann/mitte.htm
www.aschaffenburg.gay-web.de/lexikon/inhalt.html

Verhängnisverhütung: Kondome, Pille und was sonst noch schützt

Kondome sind nicht nur ein Mittel zur Schwangerschaftsverhütung, sondern zugleich der sicherste Schutz vor Aids. Auch die Verbreitung anderer sexuell übertragbarer Krankheiten wird mit Kondomen eindeutig verringert. (Das ist auch der Grund, warum in Japan die Pille jahrzehntelang verboten war – damit die Menschen Kondome benutzen.)

So ziehst du ein Kondom über: Die Kondomverpackung vorsichtig öffnen. Nicht mit den Zähnen, denn das Kondom darf natürlich nicht beschädigt werden. Wenn dein Glied steif ist, die Vorhaut zurückziehen, und das Kondom ansetzen – vorn am Kondom ist ein Zipfel (Reservoir) für die Samenflüssigkeit. Nun das Kondom abrollen, am besten mit der ganzen Hand, bis der Gummiring fast in den Schamhaaren verschwindet. Nicht nur beim ersten Mal streift man es falsch herum über: Der kleine Wulst unten am Gummi muss außen sein. Durch den dichten Abschluss des Gummis tritt bei richtiger Anwendung keine Samenflüssigkeit aus. Aufpassen, wenn zwischendurch deine Erektion nachlässt. Der Gummi kringelt sich dann zusammen, und du musst ihn bei der nächsten Erektion wieder in die vorschriftsmäßige Form bringen.

Nach dem Samenerguss: Zieh dich vor dem Erschlaffen des Glieds zurück, dabei solltest du das Kondom ganz hinten festhalten, ohne dass Samen herausgedrückt wird. Den Penis abwi-

**So zieht
man ein
Kondom
richtig über**

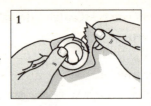

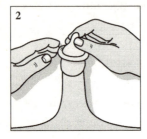

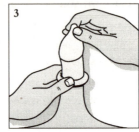

schen oder waschen, damit danach keine Spermien mehr im
Spiel sind, denn sie sind noch eine Zeit lang furchtbar frucht-
bar.

Dass du dein Geschlechtsteil auch *vor* dem Sex gründlich
wäschst, ist ja wohl selbstverständlich. Wirklich gründlich. Falls
mit Seife, dann nur unparfümierte und pH-neutrale verwenden und sehr lange abspülen.

Kondome immer nur einmal verwenden. Gib das zugekno-
tete und in Papier eingewickelte Kondom in den Abfall. Ruhig
in den Biomüll, denn der Latex baut sich ab. Das Entsorgen ist
Männersache. Bitte nicht in die Toilette werfen – dort wird es
nicht biologisch abgebaut. Außerdem schwimmt es oben und
lässt sich tagelang nicht runterspülen.

Gummis in der Originalverpackung aufbewahren und nicht
längere Zeit der Sonne aussetzen. Normale Cremes oder Vase-

line können das Kondom beschädigen, deshalb nur wasserlösliche Gleitmittel verwenden.

Kondome in Markenqualität sind elektronisch geprüft und tragen auf der Packung ein Ablaufdatum. Man kauft Kondome besser im Supermarkt, in der Apotheke oder in der Drogerie, da sie im Automaten durch Kälte und Hitze brüchig werden können.

Das **Femidom** ist eine Art Kondom für die Frau. Es wird in die Scheide eingeführt, der äußere Rand liegt an den Schamlippen an. Da das Femidom den Muttermund verschließt, wird die Samenflüssigkeit aufgefangen, bevor die Spermien Unheil anrichten können. Bei richtiger Anwendung ist die gleiche Sicherheit wie beim Kondom gewährleistet – auch gegen Aids und andere sexuell übertragbare Krankheiten. Du bekommst Femidome in Drogerien und Apotheken. Allerdings soll nicht verschwiegen werden, dass sie ziemlich umständlich sind.

Das **Diaphragma** ist eine halbrunde Gummikuppel aus Latex mit einem elastischen Metallring. Es gibt Größen von sechs bis acht Zentimeter Durchmesser, und es wird vom Frauenarzt angepasst.

Bevor das Diaphragma in die Scheide eingesetzt wird, muss es mit einem samenabtötenden Gel bestrichen werden. Maximal zwei Stunden vor dem Geschlechtsverkehr anwenden, und zwar mit den Fingern zusammendrücken und tief in die Scheide einführen: schräg nach oben und hinten. Vor jedem Geschlechtsverkehr erneut Gel auftragen.

Das Diaphragma bildet eine Barriere für die Samen zum Muttermund. Du darfst es erst sechs bis acht Stunden nach dem Sex entfernen. In dieser Zeit solltest du auch nicht baden, duschen kannst du dagegen schon.

Die Haltbarkeit beträgt bei sorgfältiger Pflege circa zwei Jahre. Bei der regelmäßigen Untersuchung durch den Frauenarzt solltest du auch das Diaphragma überprüfen lassen. Wenn du es gegen das Licht hältst oder mit Wasser füllst, kannst du Risse und kleine Löcher auch selbst erkennen. Die Sicherheit ist stark abhängig von der Anpassung, der richtigen Einführung, Lage und der eigenen Übung.

Diaphragma, Gel und Applikator sind in Apotheken erhältlich. Das Diaphragma ist nicht billig, etwas kompliziert und schützt nicht vor sexuell übertragbaren Krankheiten.

Die **Pille** ist zusammengesetzt aus den Hormonen Östrogen und Gestagen. Östrogen verhindert das Heranreifen der Eizelle und unterbindet den Eisprung. Gestagen bewirkt, dass der Schleimpfropfen im Gebärmutterhals für die Samenzellen undurchlässig bleibt. Es gibt Ein-, Zwei- und Dreiphasenpillen sowie die Minipille.

Die Pille musst du jeweils 21 Tage lang einnehmen. Die erste Pille am ersten Tag deiner Regel. Ist die Packung leer, ist sieben Tage Ruhe, und du bekommst deine Regelblutung. Am achten Tag beginnst du wieder mit einer neuen Packung. Die Pille muss regelmäßig eingenommen werden. Vergisst du sie einmal ausnahmsweise, ist kein sicherer Schutz mehr geboten. Innerhalb von zwölf Stunden sollte dann die vergessene Pille nachgeholt werden. Ebenso musst du eine neue Pille schlucken, wenn du dich in den vier Stunden nach der Einnahme übergeben musstest oder Durchfall hattest. Sind zwölf Stunden überschritten, musst du ein zusätzliches Verhütungsmittel anwenden.

Die Pille gibt es nur auf Rezept, der Frauenarzt verschreibt sie nach einer Untersuchung. Es kann durchaus sein, dass du das eine Präparat nicht verträgst und dir beispielsweise dauernd schlecht wird. Dann solltest du dir ein anderes Präparat verschreiben lassen. Die Pille selbst bekommst du in der Apotheke; es gibt sie erst nach dem vierzehnten Geburtstag.

Bei vielen Mädchen mit starken Regelbeschwerden nehmen mit Einnahme der Pille die Schmerzen deutlich ab. Möglich sind aber Zwischenblutungen, Migräne, Depressionen, Gewichtszunahme und Spannungsgefühl in den Brüsten. Besonders bei starken Raucherinnen über dreißig mit Übergewicht und erblicher Belastung ist die Gefahr einer Thrombose groß.

Kam es zu ungeschütztem Geschlechtsverkehr, und du hast Angst vor einer Schwangerschaft, hilft nur noch die **Pille danach**. Sie verhindert bis zu 72 Stunden (bei einem Gestagenpräparat) bzw. 48 Stunden (bei Östrogen-Gestagen-Kombination) nach dem Geschlechtsverkehr das Einnisten einer befruchteten Eizelle in die Gebärmutter, ähnlich der Kupferspirale. Die Sicherheit beträgt fast 99 Prozent.

Die Pille danach muss vom Arzt verschrieben werden. Es wird eine erste Dosis und zwölf Stunden später eine zweite Dosis genommen. Übelkeit und Erbrechen sind mögliche Nebenwirkungen. Nicht auf leeren Magen einnehmen. Nach der Einnahme muss weiterhin normal verhütet werden. Nach einem Monat solltest du dich ärztlich untersuchen lassen.

Die Pille danach ist nur für den Notfall und kein normales Verhütungsmittel. Eile ist geboten, deshalb gleich am nächsten Tag den Frauenarzt aufsuchen.

Die *Spirale* wird vom Frauenarzt mithilfe eines Einführröhrchens in die Gebärmutter eingesetzt. Am besten passiert das während deiner Regelblutung, da dann der Muttermund etwas geweitet und eine Schwangerschaft unwahrscheinlich ist.

Am häufigsten wird die Kupferspirale verwendet: Das Kupfer wird ständig in kleinen Mengen abgegeben. Dadurch werden die Samenfäden in ihrer Bewegung gebremst, die meisten Spermien schaffen es dann nicht bis zum Eileiter. Bei den Hormonspiralen wird der Aufbau der Gebärmutterschleimhaut gestört und somit die Einnistung einer eventuell befruchteten Eizelle verhindert.

Die Kupferspirale hält circa drei bis vier Jahre, eine Hormonspirale etwa ein Jahr.

Bei guter Anpassung und regelmäßiger Kontrolle gehört die Spirale zu den sichersten Verhütungsmitteln. Sie wird vom Arzt verschrieben. Die Spirale kann verstärkte Menstruationen, krampfartige Unterleibsschmerzen, Zwischenblutungen, Kupferallergie, Entzündungen und Ausfluss auslösen.

Zäpfchen, Cremes, Schaum, Sprays
Diese chemischen Substanzen musst du mindestens zehn Minuten vor dem Eindringen des Glieds tief in die Scheide ein-

bringen. Vor einem neuerlichen Geschlechtsverkehr eine neue Ration einführen und wieder zehn Minuten warten!

Das Mittel löst sich in der Scheide auf, verbreitet sich und wirkt dabei wie eine Sperre, die das Eindringen der Samenzellen in die Gebärmutter verhindert. Die Spermien werden abgetötet und unbeweglich gemacht. Die Wirkung dieser Mittel hält rund eine Stunde an.

Bei alleiniger Anwendung ist ihre Sicherheit sehr gering. Deshalb nur in Kombination mit anderen Verhütungsmitteln wie Kondom oder Diaphragma verwenden. Oder – in der allergrößten Not – beim Koitus interruptus (der Herr zieht sich rechtzeitig zurück).

Nicht alle chemischen Mittel sind für die Kombination mit einem Kondom geeignet, da manche den Latex angreifen und somit das Kondom brüchig werden kann. Am besten in der Apotheke nachfragen.

Eine äußerst unsichere Methode der Verhütung wird von einigen Naturvölkern praktiziert: Vor dem Geschlechtsverkehr nimmt der Mann ein heißes Bad. Das tötet die Spermien ab, vermindert aber weder Lust noch Potenz. Wer ein Kind zeugen will, sollte im Umkehrschluss also nicht zu heiß baden.

Übrigens: Tampons schützen *nicht* vor einer Schwangerschaft!

Die Temperaturmethode

Dafür brauchst du ein Spezialthermometer zur Messung der Temperatur und Kurvenblätter zum Eintragen der Messungen. Beides bekommst du in der Apotheke. Morgens im Bett misst du täglich die Temperatur, nach mindestens sechs Stunden Schlaf. Immer zur gleichen Zeit messen, immer mit dem gleichen Thermometer und immer an der gleichen Stelle. Entweder im After, in der Scheide oder im Mund. Die Messwerte trägst du in das Kurvenblatt ein, ebenso zusätzliche Beobachtungen, wie zum Beispiel Blutung, Übelkeit, Medikamenteneinnahme, zu wenig Schlaf usw.

Der Körper reagiert auf die hormonellen Veränderungen während des Menstruationszyklus unter anderem durch die Temperatur. Nach dem Eisprung steigt die Körpertemperatur an. Schwanger werden kannst du nur an den fruchtbaren Tagen rund um den Eisprung.

Grundregel: Wenn sechs Tage lang deine Temperatur niedrig ist und anschließend drei Tage lang deine Temperatur um mindestens 0,2 bis 0,6 Grad ansteigt bzw. gleich bleibt, ist danach kein befruchtungsfähiges Ei mehr vorhanden. Dies ist der Beginn der unfruchtbaren Phase, die bis zum Beginn der Menstruation anhält. Kurz vor der Menstruation sinkt die Temperatur wieder. Bleibt die Temperatur jedoch gleich oder steigt sie, ist das ein Hinweis auf eine mögliche Schwangerschaft.

Das Thermometer nicht in heißes Wasser tauchen oder der prallen Sonne aussetzen. Bei digitalen Thermometern auf Batteriewechsel achten.

Die Temperaturmethode allein ist kein sicheres Mittel, um eine Schwangerschaft zu verhindern. Es gibt zu viele Unsicherheitsfaktoren: Zyklusschwankungen, die gerade bei jungen Frauen häufig sind, Klimawechsel, Krankheit oder Stress. Spermien können bis zu 72 Stunden in der Scheide überleben, daher ist auch der Geschlechtsverkehr in den Tagen vor dem Eisprung risikoreich!

@ **www.schwangerschaftsdiagnostik.de/verhuetung.htm**

Schwangerschaft

Zwischen dem vierzehnten und dem achtzehnten Tag des Zyklus, bei einem achtundzwanzigtägigen Zyklus vom ersten Menstruationstag an gerechnet, besteht die größte Wahrscheinlichkeit, schwanger zu werden. Spermien können bis zu 72 Stunden nach dem Geschlechtsverkehr noch eine Eizelle befruchten. Ein Schwangerschaftstest gibt frühestens zehn Tage nach der Befruchtung Auskunft.

Das deutlichste Anzeichen für eine Schwangerschaft ist das Ausbleiben der Menstruation. Doch manchmal verzögert sich die Regel auch nur, und manchmal haben auch schwangere Frauen Zwischenblutungen. Übelkeit, Stimmungsschwankungen und empfindliche Brustwarzen sind andere häufige Anzeichen einer beginnenden Schwangerschaft.

Vorsorgeuntersuchungen

Bei jeder normalen Schwangerschaft zahlt die Krankenkasse zehn Vorsorgeuntersuchungen. Zunächst alle vier Wochen eine Untersuchung, ab der zweiunddreißigsten Schwangerschaftswoche alle zwei Wochen.

173

Dein Frauenarzt kontrolliert bei jeder Untersuchung Blutdruck, Gewicht, Bauchumfang und das Wachstum der Gebärmutter. Außerdem wird der Urin auf Zucker untersucht. Alle Werte trägt der Frauenarzt in den **Mutterpass** ein, den du bei der ersten Untersuchung bekommst.

Bei einer normalen Schwangerschaft sind drei **Ultraschalluntersuchungen** vorgesehen, meistens im dritten, sechsten und achten Monat. Diese sind ungefährlich, es werden Schallwellen und keine Röntgenstrahlen eingesetzt. Bei der Ultraschalluntersuchung, auch Sonographie genannt, kannst du das Baby in Umrissen erkennen. Der Frauenarzt kann per Ultraschall das Geschlecht feststellen, und du siehst die Bewegungen des Kindes. In der achten bis zehnten Woche kann der Geburtstermin errechnet werden. Ultraschalluntersuchungen geben darüber hinaus Aufschluss über die Lage des Kindes in der Gebärmutter und die Menge des Fruchtwassers. Auch Fehlbildungen können erkannt werden.

Eine Ultraschalluntersuchung ist schmerzlos und dauert zehn bis dreißig Minuten. Dabei liegst du auf dem Rücken und kannst meistens das sehr undeutliche Bild mitverfolgen. Der Arzt fährt dabei mit dem Schallkopf über deinen Bauch. In der Frühschwangerschaft wird zunehmend die vaginale Ultraschalluntersuchung eingesetzt. Dabei wird ein schmaler Ultraschallkopf durch die Scheide eingeführt. Das erlaubt sehr genaue Untersuchungen, und eine gefährliche Eileiterschwangerschaft wird früh erkannt.

Schwangerschaftsschutz

Sechs Wochen vor dem errechneten Geburtstermin muss eine Schwangere nicht mehr arbeiten. Acht bzw. zwölf Wochen bei Früh- und Mehrlingsgeburten darf die Wöchnerin nicht arbeiten. Während der Schwangerschaft und den Mutterschutzzeiten darf einer Frau nicht gekündigt werden. Kündigt man dir trotzdem, und dein Arbeitgeber weiß gar nicht, dass du schwanger bist, musst du spätestens zwei Wochen nach Eingang der Kündigung Einspruch erheben. Das gilt auch für Probezeiten. Nicht jedoch für befristete Verträge – die bleiben befristet, egal, ob du schwanger bist oder nicht.

 www.eltern.de/schwangerschaft_geburt
www.gyn.de/untersuch/besuch.php3

Schwangerschaftsabbruch

Nach § 219 darf innerhalb von zwölf Wochen nach der Empfängnis eine Schwangerschaft straffrei abgebrochen werden, wenn du vorher eine Schwangerschaftsberatung aufgesucht hast, die dir eine anerkannte *Beratungsbescheinigung* ausgestellt hat. Zwischen der Beratung und dem Schwangerschaftsabbruch müssen mindestens drei Tage vergangen sein. Beratung und Abbruch dürfen keinesfalls vom selben Arzt vorgenommen werden.

Nach der Beratung muss im Schein festgestellt sein, dass nach ärztlicher Erkenntnis eine Mutterschaft für dich Lebensgefahr bedeuten oder eine schwere körperliche oder seelische Gesundheitsgefährdung darstellen würde. Der Arzt muss dabei deine jetzigen und zukünftigen Lebensumstände einschätzen. Und er muss sicher sein, dass der Schwangerschaftsabbruch freiwillig ist und du von niemandem dazu gedrängt wurdest.

Bei Schwangerschaft nach einer *Vergewaltigung* kannst du dir von einem Arzt eine kriminologische Indikation stellen lassen. Für einen so begründeten Schwangerschaftsabbruch dürfen seit der Tat nicht mehr als zwölf Wochen vergangen sein. Es besteht im Gegensatz zur Schwangerschaftsunterbrechung wegen einer Notlage keine Beratungspflicht nach § 219, freiwillig kannst du das Angebot der Familienberater natürlich annehmen.

Ab einem Alter von sechzehn Jahren kann ein Schwangerschaftsabbruch ohne Wissen der Eltern erfolgen. Bei jüngeren Mädchen liegt es im Ermessen des Arztes.

 **www.profamilia.de**

Drogenberatung

Der Rockstar Lou Reed, ein Junkie vor dem Herrn, hat einmal bei einem Anti-Drogen-Spot mitgemacht. Darin sagt er ganz schlicht: »I've done it. Don't do it.« Keine Ahnung, ob das jemanden anspricht.

Warnungen vor Drogenkonsum klingen oft schrecklich spießig. Gerade die, die es angeht, hören bestimmt nicht zu. Natürlich soll an dieser Stelle keinesfalls zum Drogenkonsum aufgefordert werden. Im Gegenteil. Schließlich gibt es schon genügend schlappe Kiffköpfe und koksende, dauerquasselnde Egomanen, die auf der ewigen Party ihr Leben vertrödeln.

Drogen sind gefährlich. Keine Frage. Aber die andere Seite, die nüchterne, ist auch nicht das einzige Paradies. Wie kann man über Drogen – damit sind illegale Drogen gemeint – aufklären, ohne in die schwer erträgliche Besserwisserhaltung zu verfallen? Diesen Zwiespalt spürt man beim Interview mit den Berliner Drogenberatern, die Partyarbeit machen. Das heißt, sie klären bei Raves über Drogen auf und treten für einen vernünftigen Umgang mit Drogen ein. Was auch immer das ist.

@ **www.bbges.de/content/index28aa.html**
http://feierland.drehkoepfe.de
www.eclipse-online.de

Interview mit Insidern: »Woran merke ich, dass meine Eltern Drogen nehmen?«

Katrin, Martin und Ali wohnen zusammen in Berlin. Bertram kommt öfter mal zu Besuch. Wir sitzen in einer WG an einem WG-Tisch mit WG-Stühlen und trinken Tee aus WG-Tassen. Im Hintergrund hängen ein paar indische Plakate, und es läuft sanfte elektronische Tanzmusik.

Woran merke ich, dass meine Eltern Drogen nehmen?
Katrin: An der Bierflasche in der Hand.
Martin: Wenn sie rote Augen haben, waren sie gerade kiffen oder schwimmen.

Kiffer sind doch Schlappsäcke, die vertrant rumsitzen und keinen Sport treiben und Brösel im Bett haben.
Ali: So sind vielleicht chronische, heftige Kiffer, aber die sind eher die Ausnahme. Die meisten rauchen eher unregelmäßig. Ich kenne welche, die vor dem Aufstehen ihren ersten Bong reinziehen, da wird das Bild sicher stimmen.
Martin: In meiner Drogenberatungsstelle hatte ich gerade einen Jugendlichen, der meinte, ihm sei es egal, ob er süchtig ist oder nicht, solange er nicht in der Schule nachlassen würde.
Ali: Inzwischen ist Haschisch ja keine Jugenddroge mehr, sondern es gibt viele im reiferen Alter, die ihr Feierabendtütchen rauchen. Es gibt Eltern, die ihren Kindern das Kiffen beibringen. Damit sie damit vernünftig umgehen.

Das ist ja schrecklich!

Ali: Wenn man den Reiz des Verbotenen sucht, ist so was vielleicht frustrierend, aber es zeigt doch, dass man mit seinen Eltern offen über Drogen reden kann.

Was ist der Unterschied zwischen Haschisch und Marihuana?

Martin: **Gras** bzw. **Marihuana** ist die Pflanze mit den fünf Blättern. **Haschisch** ist das Harz der weiblichen Blüte. Haschisch stammt traditionell aus Nordafrika, vor allem aus Marokko. Aber die inländische Gras-Produktion hat in den letzten Jahren stark zugenommen. Wie bei den ganzen Do-it-yourself-Baumärkten gibt es auch im Drogenbereich immer mehr Selbstanbau.

Wirkt Hasch und Gras unterschiedlich?

Katrin: Haschisch hat normalerweise mehr THC, den Wirkstoff in Cannabis. Haschisch macht still, Gras dagegen eher lebendig.

Bertram: Ich finde, es ist genau andersherum.

Cannabis kann man ja unterschiedlich konsumieren.

Martin: Wenn man es in einem Joint raucht, setzt die Wirkung schneller ein. Trinkt man es als Tee oder isst man es als Plätzchen, dauert es eine halbe oder eine ganze Stunde, bis man was merkt. Dann allerdings meist heftiger, da es direkt in den Magen geht. Beim Rauchen kann man Haschisch besser dosieren. Wenn es einem zu viel wird, hört man auf. Beim Tee ist es dann schon zu spät.

Eine kleine Menge Haschisch wird ja inzwischen vom Staat geduldet. Was ist eine kleine Menge?

Bertram: Das ist Ländersache, im Norden wird das liberaler betrachtet als in den südlichen Bundesländern. Die Polizei muss jeden Drogenfund anzeigen. Der Staatsanwalt kann von einer Strafverfolgung absehen, wenn er glaubt, dass es sich nur um eine kleine Menge handelt. Eine große Gefahr beim Kiffen ist, wie bei allen Drogen, dass man seinen Führerschein verlieren kann. Wer mit einem Joint erwischt wird, wird an das Verkehrsamt gemeldet. Auch wenn man nicht bekifft Auto fährt, kann man unter Umständen zur psychologisch-medizinischen Untersuchung geschickt werden. Das ist ganz schön teuer und kann eventuell die Fahrerlaubnis kosten.

Wie wirkt Ecstasy?

Martin: **Ecstasy** ist einmal wach machend und leistungssteigernd. Und dann gibt es den in der Wissenschaft genannten Begriff des entaktogenen Effekts. Das öffnet das Herz, man fühlt sich mit den Leuten verbunden. Man fühlt sich sehr wohl, kommunikativer und frei und ungebunden. Es belebt die eigene Gefühlswelt, und man bekommt guten Kontakt zu anderen. Sehr peacig, sehr friedvoll. Plötzlich erzählen einem die Leute ihre ganze Lebensgeschichte. Oft ist da eine große Klarheit. Aber man kann auch zu positiv sein. Es gibt diesen Spruch: Heirate nicht sechs Wochen nach Ecstasy-Konsum.

Ali: Es gibt Leute, die haben sich die Haare abgeschnitten, weil es immer so schön war, sich über den Kopf zu streichen, wenn sie auf Ecstasy waren.

Ah, deshalb haben die alle so kurze Haare! Die netten Drogenberater sitzen nun schon etwas lockerer in ihrem WG-Sofa. Die WG-Teekanne macht die Runde.

Sieht man Farben oder halluziniert man auf E?
Martin: Beim klassischen Ecstasy, also MDMA, kommt es zu keinen Wahrnehmungsveränderungen.

Ist es ein Gefühlsverstärker?
Ali: Im Prinzip ja. Es kann wie bei Alkohol auch dazu führen, dass man seine Probleme intensiver wahrnimmt. Bei allen Substanzen ist davon abzuraten, damit Probleme zu kompensieren.
Katrin: Bei Partys gibt es ja auch einen Zwang zur Lust, alle wollen gut drauf sein, und wenn dann eine Trauer hochkommt, dann ist es natürlich schwer. Dazu sind dann Freunde gut. Wenn man traurige Gefühle zulässt, anstatt sie runterzuwürgen, können sie sich auch ins Angenehme auflösen. Zähneknirschen ist zum Beispiel ein häufiger Nebeneffekt von Ecstasy, da rumort etwas in einem, was man nicht rauslassen will. Wenn man sich das mal anschaut, was wimmelt da in meinem Kopf rum, dann kann es sein, dass man sich danach ganz entspannt fühlt.
Martin: Wenn ich Ecstasy mit einem schlechten Gefühl nehme, ist der Absturz am nächsten Tag viel heftiger. Auf Ecstasy

kann man auch einen Kater bekommen. Der ganze Serotoninspeicher wird ausgeleert und muss sich wieder auffüllen. Man kann also in ein psychisches Loch fallen, allerdings ohne Kopfschmerzen.

Ali: Viele Leute wollen einfach nur breit sein und sehr viel Ecstasy nehmen. Aber zum Breitwerden muss man nicht Ecstasy nehmen. Das schafft auch Alkohol.

Katrin: Wenn man mehr Pillen nimmt, dann nimmt die erwünschte Wirkung ab, und die unerwünschten Wirkungen nehmen zu. Zum Beispiel Kieferkrämpfe, unangenehmes Körpergefühl, Erschöpfung und Breitsein.

Martin: Wenn's schon sein muss, dann sollte man vorher nichts Schweres essen. So eine Pille wirkt etwa fünf Stunden. Aber danach ist man noch nicht nüchtern oder fahrtauglich. Den nächsten Tag sollte man sich frei nehmen.

Meine neuen Freunde bieten mir eine Zigarette an. Keiner trinkt Alkohol. Immer noch läuft dieselbe Musik, und sie haben Zutrauen zu mir gefasst.

Was ist drin in den Pillen?

Martin: Der MDMA-Gehalt, also der übliche Wirkstoff von Ecstasy, schwankt. Wer das weiß, tastet sich deshalb langsam heran. Zuerst nur eine halbe Pille nehmen und ein paar Stunden warten. In der Wartezeit keinen Alkohol trinken oder kiffen, jede Mischung verwirrt einen. Außerdem auf nette Umgebung achten. Freunde, bei denen man sich wohl fühlt.

Katrin: Manchmal sind da auch Dinge drin, wie Koffein oder sogar Speed, mit unerwarteten Nebenwirkungen. Auch von guten Drogen mit reinem MDMA kannst du schlecht drauf kommen.

Martin: Drug-checking, also das Prüfen im chemischen Labor, ist in Deutschland verboten. Die Hersteller drucken oft Logos auf ihre Pillen, als eine Art Markenzeichen. Gute Pillen werden meistens durch Mundpropaganda oder im Internet empfohlen.

Bertram: Nach ein paar Monaten tauchen dann aber Kopien auf, die sich an den guten Ruf dranhängen.

Was macht man, wenn es einem schlecht geht?

Martin: Viel trinken, das sollte man sowieso. Sonst trocknet der Körper aus. Aber auf keinen Fall Alkohol! Frische Vitamine helfen auch. Viele Nebenwirkungen entstehen aus Angst, deshalb achten viele auf eine angenehme Umgebung, legen sich hin und entspannen sich, lassen sich massieren.

Bertram: Oder tanzen auch mal, um sich aus ihrem Gedankenfilm zu befreien.

Martin: Kiffen ist problematisch, dann hat man nicht nur komische Gefühle, sondern auch noch wirre Gedanken.

Die WG-Teekanne macht erneut die Runde.

Und wie ist es mit LSD?

Bertram: **LSD** ist nicht so körperlich wie Ecstasy. Es wirkt viel mehr und sehr stark auf die Psyche.

Katrin: Ecstasy ist weicher, LSD ist hardcore. Da bricht viel schneller die ganze Welt zusammen. Manchmal wird einem regelrecht schlecht dabei. Deshalb ist eine angenehme Umgebung noch viel wichtiger.

Martin: Wenn man es sich schon nicht verkneifen kann, sollte man wie bei Ecstasy viele Vitamine essen. Dann wird der Stoff schneller abgebaut. Aber bei einer Wirkung von sieben, acht Stunden ist es dann auch nur eine Stunde weniger.

Katrin: Mit LSD, dem Teufelszeug, muss man noch vorsichtiger sein. Nur wenig nehmen, eine Stunde warten und dann eventuell vorsichtig nachlegen. Man weiß nie, wie viel drin ist. Nie eine volle Pappe nehmen. Man betritt wirklich eine neue Welt. Am besten natürlich die Finger ganz von Drogen lassen.

LSD gilt nach Heroin als die gefährlichste Droge.

Ali: Nun, von LSD kann man nicht körperlich abhängig werden, allerdings kann man von psychischen Inhalten überschwemmt werden. Wer eine Tendenz zur Psychose hat, wird die sicher mit LSD beschleunigen. Es gibt durchaus welche, die auf einem Trip hängen geblieben sind und in der Psychiatrie landeten. Die Flashbacktheorie ist so eine Sache. Das ist ein heikles Thema. Da gibt es mehrere Meinungen.

Martin: LSD wirkt sehr lange, mindestens acht Stunden, danach ist man außerdem wie auf einer Reise sehr erschöpft. Das kann man nicht jeden Tag machen. Es funktioniert auch nicht – der Effekt tritt nicht ein –, wenn man täglich eine Pappe nimmt.

Bertram: Immer wieder werden Menschen, die Drogen genommen haben, ins Krankenhaus gebracht. Die meisten Ärzte können mit Psychodrogen nichts anfangen und spritzen einen dann mit Valium runter. Dann bleibt die Wirkung unter dem Deckel, aber dort rumort sie heftig. Valium sollte wirklich nur der allerletzte Ausweg sein.

Was ist der Unterschied zwischen Kokain und Speed?
Martin: **Speed** hält länger an, vier bis sechs Stunden. Bei **Kokain** kann man glücklich sein, wenn es eine Stunde anhält. Speed macht aktiver, es wird oft als aggressiv empfunden, als giftiger und chemischer. Kokain ist teurer und schicker.
Bertram: Kokain wird von vielen beim Sex genommen. Es erhöht die Ausdauer und kann den Orgasmus hinauszögern, allerdings auch bis ins Unendliche.
Ali: Kokain und Amphetamine pushen den Körper wahnsinnig, als würde man einen Marathonlauf rennen. Danach unbedingt ruhen und dem Körper nicht eine neue Substanz zuführen. Kokain, genauso wie Amphetamine, zehrt den Körper auf Dauer aus. Die Zähne fallen aus, chronische Nasenscheidenwandentzündung, bis hin zum paranoiden Zustand. Keine Drogen an und in Geschlechtsteile einführen oder einreiben. Giftige Streckmittel können an den empfindlichen Schleimhäuten Böses anrichten.
Martin: Strohhalme zerstören die Nasenschleimhäute. Gerollte Geldscheine sind nicht ganz so schlimm.
Bertram: Aber dreckiger. Besser ist sauberes Papier.

185

Es gibt ja auch viele Drogen, die in der Natur wachsen.

Katrin: **Magic Mushrooms, Nachtschattengewächse und Herbal Ecstasy** spielen eine immer größere Rolle. Viele ziehen das vor, weil sie dann nicht das Gefühl haben, sich mit Chemie zu vergiften. Viele nehmen nur noch Pflanzen. Es gibt davon Zehntausende auf der Welt, die das Bewusstsein verändern. Herbal Ecstasy wirkt ähnlich wie MDMA, Pflanzen kann man besser dosieren.

Martin: Das glaube ich nicht. Auch bei Herbal Ecstasy weißt du nicht, wie viel drin ist. Pilze wirken ähnlich wie LSD, nur kürzer, also vielleicht sechs Stunden.

Bertram: Bei Pilzen sollte man sich auskennen. Bei einigen Sorten reicht ein Pilz, bei anderen muss man sechzig essen.

Katrin: Wer das weiß, fängt deshalb langsam mit sehr wenig an und wird nicht ungeduldig, wenn nach dreißig Minuten noch nichts passiert ist. Gerade für pflanzliche Drogen sollte man sich viel Zeit nehmen. Viele machen das ganz rituell, zur Sonnenwende oder bei Vollmond.

Bertram: Man kann Pilze roh oder getrocknet essen.

Martin: Oder auf einer Pizza.

Eine neue Droge ist Liquid Ecstasy.

Martin: **Liquid Ecstasy** ist GHB, ein Narkotikum, und hat nichts mit Ecstasy zu tun. Bei unserer Partyarbeit werden die User oft mit dem Krankenwagen abgeholt, weil sie dazu Alkohol trinken. Das verträgt sich überhaupt nicht.

Katrin: Es ist leicht euphorisierend, man schwebt so ein wenig.

Die vier sind bei der Bewertung der einzelnen Drogen nicht immer derselben Meinung. Ob man zum Beispiel Drogen legalisieren soll, darüber können sie stundenlang diskutieren. Als die Rede auf die härteste Droge kommt, den Satan in der Apotheke der künstlichen Paradiese, tritt Stille ein.

Heroin? Was ist mit Heroin?
Es folgt ein langes, nachdenkliches Schweigen.
Martin: **Heroin** ist hardcore.
Katrin: Das ist ein sehr potentes Schmerzmittel und wird aus Opium gewonnen. Es macht körperlich abhängig und ist von allen Drogen, die wir besprochen haben, die gefährlichste. Ohne Wenn und Aber.
Ali: Heroin ist böse, böse, böse. Es ist ein starkes Schmerzmittel. Es ist wohl ein schönes Gefühl. Warm und breit. Wie eine Kuh auf der Wiese, glücklich, zufrieden und stumpf.

Kalter Zigarettenrauch liegt in der Luft. Wir sind jetzt recht still und denken nach.

Tipps und Tricks

- Drogenkauf im Ausland kann zu höchst unangenehmen Gefängnisstrafen führen, in Südostasien auch zum Tod durch den Strang.

- Haschischhändler verraten ihre Kunden gern an die Polizei – das kann teuer werden.

- Auf einigen Flughäfen, zum Beispiel London Heathrow, werden manchmal die Pässe von Transitpassagieren auf Drogenspuren kontrolliert.

- Drogen wie Kokain können monatelang nicht nur an Geldscheinen nachgewiesen werden.

- Einmaliger Drogenkonsum kann nicht in einer Haarprobe nachgewiesen werden.

Leibeswohl

Einstein, Mutter Teresa und Picasso wurden im hohen Alter gefragt, was sie in ihrem Leben anders machen würden, wenn sie die Wahl hätten. Alle drei antworteten, sie würden alles haargenau so machen. Nur wünschten sie, sie hätten sich öfter die Zähne geputzt.

Manche Menschen leben für ihren Körper. Sie horchen hinein, ob ihr Herzrhythmus in Ordnung ist, und je länger sie lauschen, desto gefährdeter klingt er. Sie schützen sich vor freien Radikalen, vertilgen Unmengen von Vitaminen, lassen sich Leberflecke entfernen und gehen alle vier Wochen zur Krebsvorsorge. Jeder hat so seinen Sinn des Lebens.

Niemand rennt so oft zum Arzt wie wir Deutschen. Dabei wird die Hälfte aller verschriebenen Medikamente weggeworfen.

Unser Körper ist vielleicht kein Tempel, aber es ist das einzige Zuhause, das wir haben. Wir sollten es gut behandeln, denn Zahnweh im Alter kann einem auch die schönste Rente vermiesen.

Um seine Gesundheit muss man sich selbst kümmern. Es reicht nicht, nur zum Arzt zu gehen, der einen wieder gesund machen soll. Eine vernünftige Lebensweise, fettarmes, ballaststoffreiches Essen, viel Bewegung, kalt duschen, täglich lachen und mindestens zwei Liter Wasser trinken sowie regelmäßiger Sex lassen einen nicht nur länger leben, sondern auch jünger aussehen.

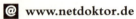 **www.netdoktor.de**

Der richtige Arzt

Zum Glück ist die Arztwahl keine Entscheidung fürs Leben. Suchen Sie sich eine Ärztin oder einen Arzt, der auf Ihre Probleme eingeht. Vermeiden Sie es, als Hypochonder zu erscheinen, aber schildern Sie klar und ernst Ihre Probleme. Boykottieren Sie strikt alle Ärzte, deren Wartezimmer trotz Voranmeldung überfüllt sind. Ärzte, die mit der Zeit ihrer Patienten nicht umgehen können, vernachlässigen auch den Patienten selbst. Wie man bei einem Restaurant von der Toilette auf die Küche schließen kann, so beim Arzt vom Zeit-Management auf die gründliche Untersuchung. Länger als eine halbe Stunde sollte man nicht auf seinen abgemachten Termin warten müssen.

Erste Ansprechperson sollte der Allgemeinmediziner, der Hausarzt, sein. Kommen Sie dort nicht weiter, gehen Sie zum Facharzt. Das ist häufig der Internist, er ist zuständig für Herz und Kreislauf, Lunge, Verdauung, Bewegungsapparat, Blut und Stoffwechsel. Urologen sind die Spezialisten für Erkrankungen der Harnwege und rund um das männliche Geschlechtsorgan – es sei denn, man sucht doch lieber einen Arzt für

Haut- und Geschlechtskrankheiten auf. Dort kann man sich im Wartezimmer ja immer auch als hautkrank ausgeben.

Medizinisches Minimalwissen –
für den Notfall

Im Notfall erreicht man in ganz Europa unter der Telefonnummer 112 den Rettungsdienst. In der Zeitung und an jeder Apotheke steht die Adresse der nächsten Apotheke, die Nachtdienst hat. Taxifahrer kennen die zuständigen Ambulanzen der Krankenhäuser.

Fragen Sie Ihre Eltern, welche **Kinderkrankheiten** Sie schon hatten. Masern, Mumps, Windpocken, Keuchhusten, Röteln bekommt man nur einmal. Wenn man sich jedoch als Erwachsener damit ansteckt, zum Beispiel im Kindergarten, kann es heftig werden.

Die normale Körpertemperatur beträgt 36,5 bis 37,4 Grad – im After gemessen. Weniger genau misst man unter der Achsel: Dort ist es ungefähr ein halbes Grad kälter. Vor dem Messen das Thermometer runterschütteln. Morgens ist die Temperatur niedriger als abends.

Bis 38 Grad spricht man von erhöhter Temperatur, bis 39 Grad von mäßigem **Fieber**, bis 40,5 Grad von hohem Fieber. Bei Werten, die darüber liegen, hat man sehr hohes Fieber, und ab 42 Grad besteht Lebensgefahr. Wer längere Zeit über 41 Grad Fieber hat, dem droht ein Gehirnschlag. Bei Fieber helfen Bettruhe, leichte Nahrung, viel trinken und kühle Wickel.

Wer **Giftiges** zu sich genommen hat, soll reichlich Wasser, Saft oder Tee in kleinen Schlucken trinken. So wird das Gift verdünnt. Keine Milch, kein Salzwasser! Maßnahmen zum Erbrechen sollten nur von medizinisch geschulten Menschen durchgeführt werden. Wenn Sie Gift eingeatmet haben, nichts trinken, sondern frische Luft einatmen und ruhig liegen bleiben.

Typisch für einen **Schock** sind ein immer schneller und schwächer werdender Puls, kalte Haut, fahle Blässe, Frieren, Schweiß auf der Stirn und auffällige Unruhe. Bei einem Allergieschock (Insektenstich, Lebensmittel) kommen Juckreiz, Hautrötung, angeschwollene Schleimhäute und Atemnot hinzu. Im schlimmsten Fall kommt es zur Bewusstlosigkeit. Dann sollte der Betroffene in die **stabile Seitenlage** (siehe Abbildungen rechte Seite) gebracht werden. Sonst könnte er an Erbrochenem ersticken.

Auf jeden Fall sollte der Betroffene sich hinlegen. Stillen Sie erkennbare Blutungen und sprechen Sie Trost zu. Dann wenden Sie die so genannte **Schocklage** an: Der Patient liegt dabei ausgestreckt auf dem Rücken, den Kopf flach, die Beine leicht angehoben, zum Beispiel auf ein paar Kissen oder Decken. Eine weitere Decke sollten Sie dazu verwenden, den Schockpatienten zu wärmen.

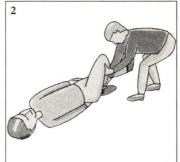

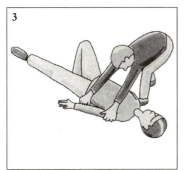

**Die stabile
Seitenlage**
So liegen Verletzte
richtig

Wer selbst einen Allergieschock erleidet, sollte sofort den Notarzt rufen und sich in die Ambulanz eines Krankenhauses bringen lassen. Cortison hilft im Notfall.

Bei *Verbrühungen* mit heißem Wasser die Kleider sofort entfernen. Bei *Verbrennungen* Kleidung nur dann entfernen, wenn sie nicht an der Haut haftet. Die Wunden unter fließend kaltem Wasser 20 Minuten kühlen. Kleinere Wunden an der Luft heilen lassen. Nicht mit einem Pflaster oder Verband abdecken. Keine Hausmittel wie Mehl, Öl, Puder, keine Salben oder Desinfektionsmittel auftragen.

Bei großflächigeren Verbrennungen oder Verbrühungen besteht die akute Gefahr einer Unterkühlung und eines Schocks. Rufen Sie sofort den Rettungsdienst!

Brennende Kleider sofort mit Wasser löschen oder die Flammen mit einer dicken Decke ersticken. Bei größeren Verbrennungen: Kleidung am Körper belassen, da diese eingebrannt ist und es sonst zu zusätzlichen Hautverletzungen kommen kann.

Die Wundfläche mit einem sterilen Metalline-Brandtuch abdecken – das findet man im Verbandskasten eines Autos. Die mit Metalline beschichtete Seite auf die verletzte Haut auflegen und locker mit einer Mullbinde oder einem Dreieckstuch fixieren. Das Brandtuch verklebt nicht mit der Wunde, ist wärmeerhaltend und schützt vor Verschmutzung.

Die Hausapotheke

In die Hausapotheke gehören Azetylsalizylsäure-Tabletten (Aspirin, ASS; nicht zu häufig einnehmen, sonst droht Magendurchbruch), Schmerztabletten (bei Zahnschmerzen kann man zur Not Gewürznelken kauen), Wunddesinfektionsmittel, Gel gegen Insektenstiche, Tigerbalsam für Erkältungen, Zerrungen und kleine Wehwehchen, Meditonsin für eine nahende Erkältung, Perenterol gegen Durchfall. Außerdem Fieberthermometer, Schere, Pinzette, Brandwundenverbandtuch, Heftpflaster auf der Rolle, Pflasterstreifen, Mullbinde. Grundsätzlich gilt: Lassen Sie sich beraten, bevor Sie wahllos Tabletten schlucken.

Alte Medikamente nicht in den Müll werfen, sondern zurück zur Apotheke bringen. Dort werden sie als Sondermüll entsorgt.

Schutz vor Aids

In Deutschland infizieren sich jährlich zweitausend Menschen mit Aids. Und zwar durch ungeschützten Geschlechtsverkehr, vaginal oder anal, wenn einer der Sexualpartner infiziert ist; bei Oralverkehr ist die Gefahr geringer. Oder sie stecken sich durch Nadeln und Spritzen an, die beim Fixen gemeinsam benutzt werden. Aids kann zudem während der Schwangerschaft, bei der Geburt und beim Stillen auf das Kind übertragen werden, wenn die Mutter infiziert ist.

Die Ansteckung mit Aids durch Blutkonserven ist heutzutage nahezu ausgeschlossen. Auch von der gemeinsamen Benutzung von Toiletten, Sauna oder Schwimmbad mit Infizierten geht kein Übertragungsrisiko aus. Das Gleiche gilt für Anhusten, Händeschütteln oder Umarmen.

Gegen eine mögliche Ansteckung wappnet man sich mit *Safer Sex*, das heißt, Samenflüssigkeit, Scheidenflüssigkeit, Blut,

auch Menstruationsblut, dürfen nicht in den Körper des Partners gelangen. Immer Kondome benutzen. Bei Fellatio (Blasen) gilt die goldene Regel: Rausziehen, bevor es kommt! Da
sich in der Scheidenflüssigkeit Erreger befinden können, ist
auch beim Cunnilingus (Lecken) eine Ansteckung möglich.
Selbstbefriedigung und Petting sind dagegen Safer-Sex-Prak-
tiken.

Die Immunschwächeerkrankung Aids wird verursacht durch
das HI-Virus. Nicht jeder Viruskontakt führt zu einer Infek-
tion. Ein einziger Kontakt kann ausreichen, muss aber nicht.
Das eigene Ergebnis eines Aids-Tests sagt nichts über den Part-
ner/die Partnerin aus. Eine HIV-Infektion bedeutet noch kein
Aids. Selbst Aids ist heute nicht das Ende. Dank neuer Medikamente können Aidskranke noch Jahrzehnte leben. Heilung ist
derzeit nicht möglich. Infizierte bleiben immer ansteckend.

Tipps und Tricks

🐞 Wechseln Sie alle vier bis sechs Wochen Ihre Zahnbürste –
ab dann ist sie unhygienisch.

🐞 Um Zahnbelag biologisch abzubauen, eine Erdbeere zer-
drücken und die Zahnbürste kräftig ins Fruchtfleisch pressen. Damit die Zähne gründlich bürsten. Weg ist der Grau-
schleier.

🐞 Bevor man Heftpflaster von behaarten Körperstellen ab-
zieht, vorher etwas Wundbenzin darauf tropfen. Dann geht
das Pflaster ganz ohne schmerzhaftes Reißen herunter.

Kakao hilft bei Durchfall, getrocknete Pflaumen oder Papaya bei Verstopfung.

Verbrennungen durch Brennnesseln lindert man mit einer Fettcreme.

Bei Bienen- oder Wespenstichen ein angefeuchtetes Stück Würfelzucker auf die Haut legen. Der Zucker zieht das Gift heraus.

Juckreiz und Schwellungen von Mückenstichen lassen sich mit Salz und Essig, in Wasser aufgelöster Hefe, feuchtem Zucker, einem Brei aus Speisenatron und Wasser, Zwiebelsaft oder Seife lindern.

Beim Haarewaschen dreimal länger spülen als shampoonieren. Beim Trocknen mit dem Handtuch die Kopfhaut nicht zu stark rubbeln, sonst drohen Schuppen.

Mit dem Shampoo ist es wie mit Tee: Wechseln Sie die Marken und Sorten, denn Eintönigkeit ist für die Haare genauso ungesund wie für den Magen.

Bei empfindlicher Kopfhaut: Die Haare mit Babyshampoo waschen. Es schäumt nicht, reinigt aber genauso gut wie schäumendes Shampoo.

Gegen unreine Haut: Heilerde mit Kamillentee oder Karottensaft zu einem dicken Brei anrühren, auf das Gesicht auftragen, nach einer Viertelstunde mit warmem Wasser abwaschen, kalt nachwaschen und eincremen.

Bei verstopften Poren: 60 Gramm geschälte Mandeln im Mixer zermahlen und mit Haselnuss- oder Mandelessenz zu einer dicken Paste vermischen. Vor der Anwendung heiße Waschlappen auf das Gesicht legen, damit sich die Poren öffnen. Die Maske eine Viertelstunde wirken lassen, dann mit lauwarmem Wasser abspülen.

🍐 Für einen zarten Teint: Vor dem Schlafengehen das Gesicht mit gerade noch erträglich heißem Wasser waschen. Dann die Haut mit Tomatenmus einreiben und über Nacht den Saft eintrocknen lassen (Handtuch aufs Kopfkissen legen). Am nächsten Tag mit lauwarmem Wasser abwaschen, die Poren mit kaltem Wasser schließen. Schon nach einigen Tagen zeigt sich ein schöner Erfolg.

🍐 Geschwollene Lider erholen sich rasch unter aufgebrühten Kamillenteebeuteln, die Sie, natürlich abgekühlt, für zehn Minuten auf die Augen legen.

🍐 Im Gesicht verteilte Hämorrhoiden-Creme lässt für einen Tag die Falten verschwinden. Aber nur selten anwenden, sonst verkehrt sich der Effekt ins Gegenteil, und die Haut altert.

🍐 Raue Hände werden wieder zart, wenn sie einige Minuten mit einer Paste aus Zucker und Salatöl abgerubbelt werden. Mit lauwarmem Wasser abspülen und danach leicht eincremen. Statt Salatöl kann man auch Babyöl benutzen.

🍐 Das gesündeste und zugleich billigste Mittel für innerliches und äußerliches Wohlbefinden: Wasser trinken. Das entschlackt, hält den Kreislauf in Schwung und vermindert Augenringe. Minimum: zwei Liter am Tag.

Gute Manieren

Es gibt Menschen, die lehnen gute Manieren schlichtweg ab. Das seien altmodische Gesten, die die eigene Persönlichkeit einschränken. Die Zeiten hätten sich geändert, und wer ist heute noch auf einen Handkuss scharf?

Andererseits ist der Mensch ein soziales Wesen. In Gesellschaft sollte man miteinander auskommen, ohne sich zu beleidigen. Nicht immer reicht dafür das eigene Gefühl. Blähungen mögen natürlich sein, höflich sind sie bestimmt nicht.

Viele Menschen sind auch unsicher, weil sie die Regeln nicht kennen. Sie haben dieses schreckliche Gefühl, als Trottel durch die Welt zu laufen und sich vielleicht unbeabsichtigt entsetzlich zu blamieren. Wie in diesem Traum, bei dem man durch das Schulgebäude läuft und plötzlich merkt, dass man ja gar keine Hose anhat.

Arbeitgeber achten bei der Einstellung oder vor einer Beförderung auf gute Manieren. Wer sich vor dem Trinken nicht mit der Serviette den Mund abwischt, der wird niemals Konsul oder Botschafter.

Man muss sich ja nicht an alle Regeln halten, aber sie zu kennen schadet nicht. Und dann dieser Kommando-Ton von Benimmfibeln: Machen Sie dies! Aber niemals jenes! Den hört man doch zu gern – einfach herrlich!

Der Gentleman-Guide.
Auch für Ladys

🎀 Gerade sitzen! Und gerade stehen! Dadurch verdoppelt man sein gutes Benehmen. Gleich wird einem mehr Respekt entgegengebracht, und die eigenen Argumente schlagen durch.

🎀 Man lümmelt sich nicht breitbeinig in öffentlichen Verkehrsmitteln hin. Man isst dort auch kein duftendes Fast Food wie Döner, Pommes oder Bratwurst.

🎀 Zurückhaltung bei Rasierwasser und Parfum. Maximale Duft-Reichweite: dreißig Zentimeter. Knoblauchverzehr vor dem Kino- oder Theaterbesuch sollte den Mitmenschen zuliebe vermieden werden.

🎀 Pünktlich sein. Das kann man gar nicht oft genug sagen. Wer unpünktlich ist, missachtet die Zeit des anderen.

🎀 Man macht keine Witze über Namen, Abstammung und Geschlechtsmerkmale. Jeder der Eder heißt, wurde schon mal nach Pumuckl gefragt. Nicht ein Mal, tausend Mal.

🎀 Im Flugzeug steigen die vorderen Reihen zuerst aus. In Zügen erst aussteigen lassen und dann einsteigen.

🎀 Türen aufhalten. Für Männer und Frauen, Bekannte und Fremde. Im Kaufhaus und im Büro.

🎀 Frauen steigen in Autos hinten rechts ein. Eine Frau setzt sich mit geschlossenen Knien in ein Auto. Der Mann öffnet der Frau die Autotür und läuft vorn herum zur Fahrertür. Kein Kavaliersstart!

🎀 Steigen Mann und Frau hinten in ein Taxi, rutscht der Mann auf den Sitz hinter dem Fahrer.

🎀 Gentlemen haben stets ein sauberes Stofftaschentuch und ein Feuerzeug dabei.

🎀 Niesen Sie in ein Taschentuch und nicht in die Hand!

🎀 Blumen in ungerader Zahl verschenken und vor dem Überbringen auswickeln.

🎀 Geschenke liebevoll verpackt und ohne Preisschild überreichen.

🎀 Auf fremden Toiletten nicht im Stehen pinkeln.

🎀 Schnüffeln Sie nicht in fremden Badeschränken, Schubladen, Schreibtischen oder Computern herum.

🎀 Man ist für das gute Benehmen eines mitgebrachten Gastes verantwortlich. Gastgeber betrinken sich nicht.

🎀 Reden Sie nicht zu viel von Ihrem Beruf und schon gar nicht über eine Fernsehsendung, die nur Sie gesehen haben. Achten Sie auf ein ausgewogenes Gesprächsverhältnis.

🎀 Bei der Begrüßung und auch beim Abschied stehen alle Männer auf. Die Frauen bleiben sitzen, es sei denn, eine ranghöhere Dame (Chefin, Ministerin etc.) kommt an den Tisch.

🎀 Gehen Sie bei Besprechungen nicht ans Telefon oder halten Sie sich kurz, unter einer Minute. Die anderen Besprechungsteilnehmer sollen nicht warten müssen, bis Sie fertig mit dem Telefonieren sind.

🎀 Beim Handkuss berühren die Lippen nicht die Haut, sondern verharren kurz über dem weiblichen Handgelenk in der Schwebe. Die Hand wird immer in geschlossenen Räumen geküsst, nicht im Biergarten oder auf der Straße.

🎀 Beim Telefonieren nicht nebenbei kochen, aufräumen oder im Internet surfen. Dieses beleidigende Backgrounding findet man auch oft auf Partys, wenn ein Gesprächspartner sich nach noch interessanteren Gästen umschaut. Spielen Sie auch nicht in Gesellschaft anderer mit dem Mobiltelefon, verschicken Sie keine SMS, und probieren Sie in der Öffentlichkeit keine neuen Klingeltöne aus.

🎀 Schalten Sie öfter mal das Mobiltelefon aus. Lassen Sie sich dadurch nicht aus einem netten Gespräch reißen.

🎀 Jemanden nicht aussprechen lassen wird allgemein als gröbste Unhöflichkeit betrachtet.

🎀 Fragen Sie um Erlaubnis, wenn Sie in Gesellschaft rauchen wollen: »Wo kann man hier rauchen?« In allen engen öffentlichen Räumen grundsätzlich nicht rauchen. Das gilt für Fahrstühle, Telefonzellen und die Bankschalterhallen, in denen die EC-Automaten stehen. Im Auto nur bei geöffnetem Fenster rauchen – auch im Winter.

🎀 Bedanken Sie sich am nächsten Tag für die nette Gesellschaft. Egal, ob Rendezvous, gesellschaftliche Einladung oder Party.

🎀 Frauen haben Vortritt. Außer bei Restaurants, da tritt der Mann zuerst durch die Tür. Die Frau sucht den Tisch aus, der Mann setzt sich so, dass die Frau den besten Blick ins Restaurant hat. Der Mann nimmt ihr den Mantel ab (und die Frau lässt ihn sich auch abnehmen!) und trägt ihn in die Garderobe. Danach zieht er seinen eigenen Mantel aus und hängt ihn ebenfalls auf. Mäntel und Jacken gehören nicht über die Stuhllehne.

🎀 Wer zuerst im Restaurant ankommt, darf höchstens ein Wasser bestellen. Frauen sollten nicht mehr als eine halbe Stunde zu spät kommen. Männer natürlich überhaupt nicht.

Tischsitten

☕ Bei einem Menü ist das Besteck so angeordnet, dass man mit der äußersten Gabel bzw. dem Messer beginnt und sich in Richtung Teller vorarbeitet. Das Dessert-Besteck liegt oben, Messer und Suppenlöffel rechts, Gabeln links. Das Messer wird in der rechten Hand gehalten.

☕ In den USA schneidet man erst ein Drittel oder die Hälfte einer Portion passend und nimmt dann die Gabel in die rechte Hand. Die Linke liegt im Schoß. Servietten werden dort während einer Unterbrechung auf den Stuhl gelegt – in Europa ein absolutes No.

☕ Beim Essen sollen die Arme nur bis zu den Handgelenken auf dem Tisch liegen. Wenn man das Besteck hält, dürfen jedoch selbst die Handgelenke nicht den Tisch berühren.

☕ Gabel und Löffel werden waagrecht zum Mund geführt. Stets wird das Besteck zum Mund geführt und niemals umgekehrt! Denn wir sitzen gerade. Immer.

☕ Essen Sie geräuschlos. Nicht mit dem Messer auf dem Teller kratzen, schlürfen oder mit vollem Mund reden.

☕ Einmal benutztes Besteck wird niemals auf dem Tisch abgelegt, sondern komplett auf dem Teller. Ein mit den Spitzen gekreuztes Besteck bedeutet, dass der Gast noch nicht fertig ist. Liegen Messer und Gabel parallel nebeneinander (die Schneide des Messers zur Gabel), heißt das: Das Essen ist beendet.

☕ Früher hat man die Messer nicht auf dem Teller, sondern auf einem Messerbänkchen abgelegt. Inzwischen tauchen diese putzigen Gesellen bei manchen feineren Gelegenheiten wieder auf. Wenn Sie also rechts neben dem Teller einen silbernen Hasen, Schwan oder Ähnliches entdecken, handelt es sich um das Messerbänkchen. Denn die neue Generation der Messerbänkchen kommt meist in Tiergestalt daher und dient nebenbei auch zur Dekoration.

🍮 Suppenteller dürfen für den letzen Rest schräg gehalten werden. Aber nur in die von Ihnen abgewandte Richtung.

🍮 Brötchen und andere Backwaren werden – außer zum Frühstück – zum Essen nicht aufgeschnitten, sondern in mundgerechten Stücken abgebrochen und mit Butter etc. bestrichen. Den Teller nicht mit Brot auswischen. Auch keinen Kuchen in den Kaffee tunken.

🍮 Formvollendet rollt man Spaghetti am Tellerrand ohne Löffel auf die Gabel. Salat und Spargel darf man inzwischen mit dem Messer schneiden. Kartoffeln werden mit der Gabel zerdrückt. Hart gekochte Eier klopft man mit einem Löffelchen auf, statt sie mit dem Messer zu köpfen.

🍮 Die Serviette nicht in den Halsausschnitt klemmen. Sie wird vor dem Essen einmal gefaltet und auf den Schoß gelegt. Jedoch erst dann, wenn der Gastgeber nach seiner Serviette greift und damit das Essen eröffnet. Man tupft sich mit ihr vor dem Trinken die Lippen ab, um Speise- und Fettränder an den Gläsern zu vermeiden. Lippenstift sollte möglichst wenig abfärben, also die Lippen abpudern und kussfest schminken. Zum Abwischen des Mundes während des Essens benutzt man die oben liegende Hälfte der Serviette und legt sie anschließend wieder auf den Schoß. Die unten liegende Hälfte bleibt zum Schutz der Kleidung sauber. Nach der Mahlzeit wird die Serviette entgegen ihrem Originalkniff gefaltet, um die Flecken nach innen zu verdecken, und links neben den Teller gelegt.

☕ Fingerschalen aus Glas, Porzellan oder Silber dienen dazu, sich dezent bei Fingerfood zu säubern, zum Beispiel wenn es Krebse, Austern oder Artischocken gibt. Die Schalen enthalten handwarmes Wasser, meist mit einer Zitronenscheibe.

☕ Zum ersten Schluck fordert immer derjenige auf, der eingeladen hat. Beim Anstoßen jedes Glas, das einen Stiel hat, dort auch halten – bei Stehempfängen mit Drängelgefahr kann man es auch einmal weiter oben umfassen –, und sich beim Anstoßen immer in die Augen sehen. Sonst hat man sieben Jahre schlechten Sex!

☕ Geraucht werden darf erst wieder beim Kaffee!

☕ Zahnstocher nur hinter vorgehaltener Hand benutzen oder unauffällig auf die Toilette gehen und die Zähne dort reinigen.

☕ Hat der Gastgeber gekocht, nicht automatisch salzen oder nachwürzen. Das könnte ihn kränken.

☕ Bei einem Rendezvous keine Rechnung für die Steuer verlangen.

☕ Trinkgeld ist Pflicht, circa zehn Prozent. In den USA sogar mehr.

Sicher auf dem Parkett

Als Walzer- und Tangotänzer (Seite 208) bewegen Sie sich auf jedem Parkett traumwandlerisch sicher – auf dem Wiener Opernball ebenso wie in der argentinischen Bar.

Langsamer Walzer

Ausgangsstellung

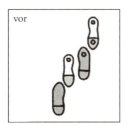

vor

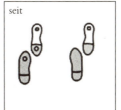

seit

schließen

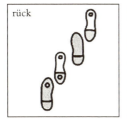

rück

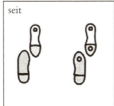

seit

schließen

Tango

Ausgangsstellung

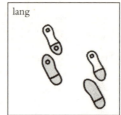
lang

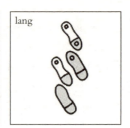
lang

Wie-

ge-

schritt

rück

seit

schließen

Kleidung und Stil

In den ersten zehn Sekunden des Kennenlernens entsteht der stärkste Eindruck – und der bleibt haften. Einen Großteil unserer Informationen über andere Menschen lesen wir aus den Sachen, die er oder sie anhat, denn 90 Prozent des Körpers sind meist von Kleidung bedeckt. Am FKK-Strand ist es immer wieder erstaunlich zu beobachten, in was für Menschen sich Nackte verwandeln, wenn sie sich anziehen. Kein Wunder, dass Kleidung oft ein Gradmesser für soziales Prestige ist.

Mit der Kleidung treten wir der Welt entgegen. Eine neue Jacke, ein neues Hemd stärkt unser Selbstbewusstsein. »Das Einzige, für das es sich immer lohnt, viel Geld auszugeben, sind Schuhe. Alles andere kann man mit Geschmack und Geduld genauso gut billig erstehen. Schuhe nicht. Und wenn man gute Schuhe trägt, dann sieht alles andere auch gleich aus, als wäre es von Helmut Lang. Und nicht von H&M.« Diesem Ratschlag aus dem Roman »Königinnen« von Elke Naters ist nichts hinzuzufügen.

Welche Kleidergröße passt mir?

Bei den Konfektionsgrößen herrscht ein ziemliches Durcheinander. Es gibt italienische, französische, britische und amerikanische Größen. In Italien muss man vier Größen zum deutschen Maß hinzuzählen. In Frankreich eine Größe, allerdings nur für die Damen.

Doch auch bei deutschen Herstellern variieren die Maße. Was bei dem einen eine 48er-Herrenjacke ist, ist beim anderen schon eine 50er-Größe. Frauen müssen für Ober- und Unterteil oft unterschiedliche Größen wählen.

Richtig Maß nehmen

Körpergröße: vom Scheitel bis zur Sohle, ohne Schuhe.

Oberweite: waagrecht über die breiteste Stelle der Brust.

Taille bzw. Bund: rings um die Taille – ohne zu schnüren oder den Bauch einzuziehen.

Gesäßweite bzw. Hüftweite: über die breiteste Stelle um die Hüfte.

Seitenlänge: von der Hüfte bis zum Hosensaum.

Jeans werden in Inch (2,54 cm) gemessen. Und zwar einmal die Taillenweite und dazu die Innenbeinlänge, das ist vom Schritt bis zum Saum.

Beim *Büstenhalter* wird der Umfang unterhalb der Brust gemessen und eine Körbchengröße ausgewählt. A steht für klein, B für normal, C für groß und D für sehr groß.

Konfektionsgrößen für ihn

Herrengrößen normal

Körper- *größe*	Brust- *umfang*	*Bund*	Seiten- *länge*	Konfektions- *größe*
160–164	78–81	66–69	96–99	40
162–166	82–85	70–73	98–100	42
164–168	84–87	72–75	99–101	43
166–170	86–89	74–77	100–103	44
168–173	90–93	78–81	102–104	46
171–176	94–97	82–85	103–106	48
174–179	98–101	86–89	105–108	50
177–182	102–105	90–94	107–109	52
180–184	106–109	95–99	108–110	54
182–186	110–113	100–104	109–112	56
184–188	114–117	105–109	111–114	58
185–189	118–121	110–114	112–115	60
187–191	122–125	115–119	114–116	62
189–193	126–129	120–124	115–117	64
191–194	130–133	125–129	116–118	66

Herrengrößen schlank

Körper- *länge*	Brust- *umfang*	*Bund*	Seiten- *länge*	*Jeans*	Konfektions- *größe*
174–178	85–87	71–74	105–107	29/32	88
177–181	87–90	74–77	106–109	30/34	90
180–184	91–94	78–81	108–110	32/34	94
182–186	95–98	82–85	109–112	33/34	98
184–188	99–102	86–89	111–113	34/36	102
187–191	103–106	90–94	112–115	38/36	106
190–194	107–110	95–99	114–116	40/36	110
193–197	111–114	100–104	115–117	42/36	114

Herrengrößen untersetzt

Körper- länge	Brust- umfang	Bund	Seiten- länge	Jeans	Konfektions- größe
163–167	90–93	82–85	97–100	33/30	23
166–170	94–97	86–89	99–102	34/30	24
169–173	98–101	90–93	101–104	36/30	25
172–176	102–105	94–97	102–105	38/32	26
175–178	106–109	98–101	104–107	40/32	27
177–180	110–113	102–107	105–108	42/32	28
179–182	114–117	108–111	107–110	44/32	29
181–183	118–121	112–115	108–111	46/32	30
182–184	122–125	116–119	110–112	48/32	31
183–185	126–129	120–123	111–113	50/32	32

Hemden

Kragenweite	Internationale Größe	USA
37/38	S	15
39/40	M	16
41/42	L	16½
43/44	XL	17
45/46	XXL	17½
47/48	XXXL	
49/50	XXXXL	
51/52	XXXXL	

Unterwäsche

Konfektions- größe	Wäsche- größe	Internationale Größe	USA
48, 94, 24	4	S	36
50, 98, 25	5	M	38
52, 102, 26	6	L	40
54, 106, 27	7	XL	42

Schuhe

Deutschland	USA	Großbritannien
38	6–6½	5
39	7	5½–6
40	7½–8	6½
41	8½	7
42	9	8
43	9½–10	8½–9
44	10	10
45	10½–11	10½–11
46	11½–12	11½–12
47	12½	12½
48	13–13½	13–13½

Konfektionsgrößen für sie

Konfektions-größe	Internationale Größe	Großbritannien	USA (Blusen, Sweatshirts)	USA (Mäntel, Röcke, Hosen)	Oberweite	Taille	Hüftweite	Miedergröße
34	XS	8	2	6	78–81	58–61	85–89	60
36	S	10	4	8	82–85	62–65	90–92	65
38	M	12	6	10	86–89	66–70	93–96	70
40	L	14	8	12	90–93	71–74	97–99	75
42	XL	16	10	14	94–97	75–79	100–103	80
44	XXL	18	12	16	98–101	80–83	104–106	80–85
46	XXXL	20	14	18	102–106	84–89	107–111	90
48			16		107–112	90–94	112–116	95
50			18		113–118	95–100	117–122	100

Strumpfhosen

Deutschland	USA
42	32
44	34
46	36
48	38
50	40
52	42
54	44

Strümpfe

Deutschland	USA
36/38	8½–9
38/40	9½–10
40/42	10½–11

Schuhe

Deutschland	USA	Großbritannien
36	5½	3½
37	6–6½	4
38	7–7½	4½–5
39	8–8½	5½–6
40	9	6½
41	9½	7–8
42	10–10½	8½
43	11	9

Büstenhalter

Unterbrust cm	Deutschland	USA
58–62	60	28
63–67	65	30
68–72	70	32
73–77	75	34
78–82	80	36
83–87	85	38
88–92	90	40
93–97	95	42
98–102	100	44

Körbchengröße

Deutschland	USA
A	S
B	M
C	L
D	XL

Kleiderpflege

Es ist unendlich peinlich, noch mit dreißig Jahren seine Wäsche zu Mama zu bringen. Und manchmal kann es einem Mama sowieso nicht abnehmen. Denn immer mehr Kleidung verlangt laut Etikett nach einer chemischen Reinigung. Manches kann man aber trotzdem bei 30 Grad in der Waschmaschine waschen. Diese Temperatur ist auch für die meisten dünnen und bunten Stoffe richtig. Immer mit Feinwaschmittel waschen und besser zu kalt als zu heiß. Lieber zweimal waschen, als das Lieblingsstück ruinieren.

Wäsche waschen

Buntwäsche bei 40 oder 60 Grad mit normalem Vollwaschmittel waschen. Nur in Deutschland kocht man Wäsche. Jeans, Bettwäsche, Handtücher kann man durchaus bei 60 Grad waschen – in professionellen Wäschereien, die blutige Schlachterschürzen und ölige Blaumänner wieder sauber machen, gibt es keinen Kochwaschgang. Blutflecken müssen erst kalt ausgewaschen werden, sonst verklumpt das Eiweiß.

Wollsachen öfter lüften als waschen. Wolle entweder in der Maschine im Wollwaschgang waschen oder besonders schöne und empfindliche Teile lauwarm im Waschbecken mit einer sparsamen Dosis Wollwaschmittel oder Shampoo waschen. Glycerin im Wasser verhindert das Eingehen. Circa eine Viertelstunde einweichen, sanft massieren und dann mit kaltem Wasser spülen, dabei nicht zu fest kneten. Zum Auswringen das gute Stück am besten in ein sauberes Handtuch wickeln und

Symbole für die Pflegebehandlung von Textilien

WASCHEN
(Wasch-
bottich)

Schon-   Schon-   Schon-   Hand-   nicht
waschgang   waschgang   waschgang   wäsche   waschen

Die Zahlen entsprechen den maximalen Waschtemperaturen, die nicht überschritten werden dürfen. Der Balken unterhalb des Waschbottichs verlangt nach einer (mechanisch) milderen Behandlung (z. B. Schongang). Er kennzeichnet Waschzyklen, die sich z. B. für pflegeleichte und mechanisch empfindliche Artikel eignen.

BÜGELN
(Bügeleisen)

heiß bügeln   mäßig heiß   nicht heiß   nicht bügeln
               bügeln   bügeln

Die Punkte kennzeichnen die Temperaturbereiche.

TROCKNEN
(Wäsche-
trockner)

trocknen   trocknen   trocknen   liegend
mit normaler   mit reduzierter im Tumbler   trocknen
thermischer   thermischer   nicht möglich
Belastung   Belastung

Die Punkte kennzeichnen die Trocknungsstufen.

Diese Symbole sind für die chemische Reinigung bestimmt

CHLOREN
(Dreieck)

Chlorbleiche   Chlorbleiche
möglich   nicht möglich

**CHEMISCHE
REINIGUNG**
(Reinigungs-
trommel)

auch Kiloreinigung   Kiloreinigung nicht möglich   keine
möglich mit Vor-   chemische
         behalt   Reinigung

Die Buchstaben geben dem Chemischreiniger einen Hinweis auf die in Frage kommenden Lösemittel. Der Strich unterhalb des Kreises verlangt nach einer Beschränkung der mechanischen Beanspruchung, der Feuchtigkeitszugabe und der Temperatur.

klopfen. Wollkleidung zum Trocknen nicht aufhängen – sie verzieht sich sonst –, sondern auf ein frisches Handtuch legen und zurechtzupfen. Wohlgemerkt zupfen, nicht zerren. Dann das Kleidungsstück am besten auf dem Handtuch über einen Wäscheständer ausbreiten, bis es ganz trocken ist. Zwischendurch umdrehen. Niemals über die Heizung legen.

Auch Anzüge öfter an die frische Luft hängen und nur Flecken entfernen, dann hält der teure Frack länger.

Bedruckte T-Shirts und dunkle Jeans links waschen (Innenseite nach außen drehen), so bleiben die Farben intensiver. Turnschuhe kann man bei 30 Grad waschen.

Bügeln

Alles außer Baumwolle, also Kunststoff, Seide, Wolle, bei niedrigen Temperaturen bügeln.

Bei *Hemden* und *Blusen* zuerst den Kragen von innen nach außen bügeln, danach die Manschetten innen und außen. Die Ärmel auf Naht legen und Richtung Schulter bügeln, natürlich von beiden Seiten. Die Schulterpartie über das schmale Ende des Bügelbretts ziehen und bügeln. Genauso mit der Hemdvorderseite und -rückseite verfahren. Die Knopflochleiste von links (innen) bügeln.

Bei der *Hose* zuerst die Taschen, dann den Bund von innen und außen bügeln. Hosen von oben so weit wie möglich über das Bügelbrett ziehen und von beiden Seiten bügeln.

@ **www.putzatelier.de/wäschepflege.htm**
www.waesche-waschen.de

Schuhe putzen

Schuhe bürsten, mit lauwarmem Wasser und Saddle Soap reinigen, denn Sattelseife fettet das Leder. Schwarze Streifen vom Gummiabrieb mit Radiergummi entfernen. Feuchte Schuhe mit Zeitungspapier ausstopfen. Niemals auf die Heizung legen, sondern bei Raumtemperatur trocknen lassen. Trockene Lederschuhe imprägnieren, zum Beispiel mit einem Spray. Lackschuhe nicht imprägnieren. Nach dem Imprägnieren Schuhcreme mit einer Bürste auftragen, dazu eignen sich alte Haar-, Kleider- oder Zahnbürsten. Mit Wolle, oder besser noch alten Nylonstrümpfen, polieren.

Schuhe nicht in Plastiktüten aufbewahren. Lederschuhe nur einen Tag anziehen und sie dann einen Tag auf Schuhspanner entspannen lassen.

Für Wildleder und Rauleder gibt es spezielle Pflegecremes.

Knopf annähen

Nehmen Sie einen festen Faden von der gleichen Farbe des Hemdes. Den Faden in eine Nähnadel einfädeln und nach etwa 20 Zentimetern abschneiden. Den Faden doppelt legen und am Ende verknoten; nun ist er nur noch 10 Zentimeter lang. Von der Innenseite durch Stoff und Knopf nähen, circa dreimal pro Einzelloch. Bei vier Löchern kreuzweise, aber immer im selben Muster. Nicht zu fest an den Stoff annähen, damit man den Knopf auch schließen kann, aber auch nicht zu locker, sonst hängt er wie ein durstiger Blumenkopf herunter. Zuletzt den Faden auf der Innenseite des Stoffes durch das bereits Genähte zweimal durchstechen und direkt abschneiden.

Kleiderordnung

Noch vor vierzig, fünfzig Jahren trugen Herren und Damen selbstverständlich Hüte, wenn sie sich nach draußen begaben, Handschuhe waren bei Frauen üblich. Wussten Sie, dass mit Jean Seberg in »Außer Atem« zum erstenmal eine Frau ein T-Shirt im Film trug? Das war 1960.

Welche Regeln gelten für Kleidung? Wie lange? Für wen? Sind weiße Herrenhemden wirklich amerikanisch, blaue hingegen europäisch? Lügen Herrenmagazine, die das behaupten? Binden uns Frauenzeitschriften jedes Jahr einen neuen Bären auf? Zwanzig Jahre galten in Stiefeln steckende Hosen als Attacke aus der Modehölle, dann stiefelten plötzlich eine Saison lang Mannequins mit Pluderhosen über die Laufstege. Die Mode ist ein Dschungel. Biegen Sie rechts ab oder links, Sie verirren sich ganz bestimmt.

Wie der Schuh, so der Mann

Da steht ein Mann. Er steht. In festem, gutem Schuhwerk. Schuhe verraten viel über den Charakter des Trägers. Hier ein kleiner Überblick über das Sortiment eines Gentlemans: Der Klassiker ist der *Oxford*. Er ist schwarz, und über der Kappe verläuft eine Ziernaht. Er ist so unauffällig, dass, wer sparen muss, mit einem einzigen Paar auskommt. Denn mit Oxfords ist man im Büro und auf der Straße stets passend angezogen.

Der zweite Klassiker, der *Fullbrogue*, ist mit seinem typischen Lochmuster schon auffälliger. Ihn trägt man gern auch in Braun. Und wie bei allen braunen Schuhen sind braune

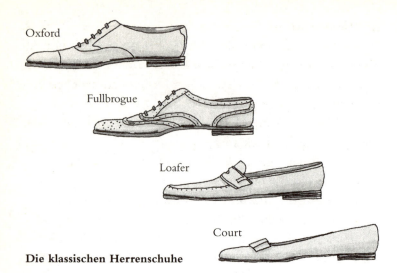

Oxford

Fullbrogue

Loafer

Court

Die klassischen Herrenschuhe

Strümpfe Pflicht! Die meisten kennen den Fullbrogue nur unter dem Namen seines nahen Verwandten, dem *Budapester*. Die beiden unterscheiden sich lediglich durch die Schnürung, und auch das erkennt nur der wahre Kenner. Die Derby-Schnürung des Budapesters gilt als sportlich-rustikaler. Die beiden Seitenteile sind über das Vorderteil des Schuhs, das Blatt, gelegt und nach vorn offen. Der Fullbrogue wird mit dem eleganteren Blattschnitt verschnürt. Bei dieser Bindung laufen die beiden Schnürsenkel an einem Punkt unter der Schuhzunge zusammen. Versuchen Sie einmal den Unterschied im Schaufenster eines feinen Schuhgeschäfts zu erkennen.

Der *Loafer*, auch *Slipper* genannt, ähnelt dem Mokassin. Dieser legere Schuh hat keine Senkel und eine dünne Sohle. Es gibt ihn als *Beefroll*, mit rollbratenartiger Naht ringsum, oder als *Pennyloafer* mit Schlitz. Mit hundepfotenartigem Profil ist er als Bootsschuh unter dem Namen *Top-Sider* bekannt. Als *Tassel-Loafer* bzw. *Bommelschuh* wird er nur von Querulanten getragen, die noch nicht von der Stilpolizei aus dem Verkehr gezogen worden sind.

Das Gegenteil dieser Freizeitschuhe ist der *Court* oder *Pump*. Meist aus Lack und Pflicht zu Frack und eigentlich auch zum Smoking.

Das passende Beinkleid

So viel zu den Schuhen. Wenden wir uns nun den passenden Strümpfen zu. Herren tragen Kniestrümpfe oder nackte Füße in Sandalen – nieder mit der Socke! Man kann das nicht oft genug wiederholen: Socken gehören auf den Scheiterhaufen! Schrecklich der Anblick von Männern in Talkshows, bei denen man das nackte Fleisch am Bein sieht. »Denn zwischen Bein und Hosenrand ist erotisch ödes Land.« (Eckhard Henscheid)

Männliche Modesünden

Anspruchsvolle Herren lassen die Finger von blauen Hemden mit weißem Kragen, vermeiden das helle Sakko zur dunklen Hose oder hellere Pullover unter dunklem Jackett.

– Das T-Shirt-Dreieck im Hemdkragen ist nicht gentleman-like, ein echtes Unterhemd mit Ausschnitt ist im gepflegten Umgang würdiger.

– Zu Button-down-Hemden oder zu Jeans keine Krawatte.

Sie wollen eine Frau finden und können keine Krawatte binden?

Einfacher Knoten

Windsorknoten

Italienischer Knoten

Fliege binden

 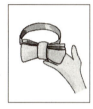

- Lederhosen nur im bayerischen Stil, niemals als schwarzes Glattleder.

- Beim Hinsetzen knöpfen Männer ihr Jackett auf, sonst bleibt es geschlossen, nur der unterste Knopf ist immer offen.

Was trägt die Frau – und was nicht?

Für Frauen existieren erstaunlicherweise weniger Regeln. Dafür sind die Modesünden umso größer, wenn der richtige Stil fehlt.

- Der Klassiker im Büro ist das Kostüm. Wenige Zentimeter an der Rocklänge entscheiden zwischen »Olala!« und brav. In Werbeagenturen können Röcke die entscheidenden drei Zentimeter kürzer sein als bei Bankerinnen. Eine gute Wahl sind Twinsets, auch hier gibt es die ganze Palette von konservativ bis offensiv modern. Hosenanzüge sind definitiv auch in Ordnung.

— Vermeiden Sie im Beruf zu viel Schmuck. Beim Telefonieren sollte es nicht dauernd klimpern.

— Zu kurzen Hosen auf keinen Fall hautfarbene Strumpfhosen anziehen.

— Vermeiden Sie die sichtbare Sliplinie. Entfernen Sie das Wäschezeichen aus der Unterhose, das nur zu gern unbemerkt aus dem Hosen- oder Rockbund hervorspitzt.

— Stecken Sie sich keine chinesischen Essstäbchen ins Haar.

— Und bitte keine engen Glattlederröcke tragen.

Tipps und Tricks

Fettflecken auf der Kleidung mit Geschirrspülmittel auswaschen. Und zwar bevor es in die Waschmaschine geht.

Erfrischungstücher, wie man sie im Flugzeug bekommt, eignen sich hervorragend als Fleckentferner bei empfindlicher Kleidung.

Blutflecken lassen sich mit dem Speichel entfernen.

Rotweinflecken mit Salz bestreuen oder Weißwein nachschütten.

Make-up-Spuren auf der Kleidung mit ölfreien Feuchties abwischen.

🔖 Spinatflecken mit einer rohen Kartoffel abreiben.

🔖 Laufmaschen können mit Nagellack aufgehalten werden.

🔖 Mit Textilkleber repariert man ausklappende Säume.

🔖 Motten werden durch Sandelholz vertrieben.

🔖 Joggingschuhe eine Nummer größer kaufen. Die Füße schwellen beim Laufen an, und die Zehen stoßen sich sonst blau.

Reiselust

Nach der Schule befällt viele das Reisevirus. Jetzt ist die beste Zeit, seinen Rucksack umzuschnallen, den Lonely-Planet-Reiseführer einzustecken und allen Freunden zu versprechen, von unterwegs Postkarten zu schreiben.

Am Flughafen winken die Eltern noch einmal mit diesem besorgten Ausdruck im Gesicht, dann steigt man in das Flugzeug. Ankunft ein paar Stunden später in einem heißen Land. Man sieht Armut und Bettler und weiß nicht, wie man darauf regieren soll. Der Straßenverkehr ist anders. Meinen die freundlichen Menschen es ehrlich? Darf ich das essen? Nach ein paar Tagen hat man sich zu einem Traveller gewandelt und fragt andere Traveller, woher man kommt, wohin man geht und wo es die günstigsten Wechselkurse gibt. Mit den neuen Freunden isst man dann Bananenpfannkuchen und passt wechselweise auf den Rucksack auf, während der andere das Busticket kauft.

@ www.lonelyplanet.com
   www.worldtravellers.net
   www.worldcruising.com
   www.bahn.de
   www.mfz.de
   www.mitfahrgelegenheit.de

Um dem Einerlei von Strand und Museum zu entfliehen, suchen Sie sich in dem fremden Land ein Ziel. Besuchen Sie zum Beispiel Steinmetze an den Friedhöfen. Den örtlichen Schachclub. Die Aids-Hilfe. So lernen Sie Menschen und Land kennen. Stellen Sie sich eine fotografische Aufgabe: Fotografieren Sie Leuchtwerbung, Schuhe oder Kopfbedeckungen, öffentliche Verkehrsmittel oder Raucher. Hinterher sind Ihre Reisefotos wesentlich interessanter als die üblichen Bilder.

Impfungen

Im Ausland wird man unweigerlich krank. Das war schon immer so. Ohne Angst vor Japanischer Enzephalitis ist Reisen schließlich auch kein Abenteuer. Sonst kann man ja gleich nach Oberbayern fahren. Aber sogar dort lauert Gefahr, zum Beispiel die heimtückische Zecke als Überträgerin der Meningoenzephalitis.

Sie planen wirklich eine Reise nach Afrika, Asien oder Südamerika? Dann verstecken Sie diese Liste tropischer Krankheiten vor Ihren Eltern. Sonst machen sie sich nur noch mehr Sorgen.

Die wichtigsten Impfungen sind zuerst aufgeführt. Wie viele notwendig sind, müssen Sie selbst entscheiden.

Gegen *Malaria* gibt es noch keine Impfung. Deshalb sollten Sie in Malariagebieten Mückenschutz und Moskitonetze verwenden sowie ein Malariamittel dabeihaben. In Afrika sind die

Überträger der Malaria gegen das harmlosere Vorsorgemittel Resochin immun. Deshalb muss man im Krankheitsfall dort Lariam anwenden. Die möglichen Nebenwirkungen, u. a. schwere Depressionen, können äußerst unangenehm sein. Deshalb ist Lariam als Vorsorge umstritten. Unsinnig ist es auf jeden Fall, Lariam als Vorsorge in den asiatischen Gebieten einzunehmen, dort reicht Resochin. Aber als Notfall-Medikament im Krankheitsfall ist Lariam nie verkehrt. Vor Reisen nach Südostasien, Schwarzafrika und Südamerika deshalb einen Tropenarzt oder ein Tropeninstitut aufsuchen.

Eine Impfung gegen **Tetanus (Wundstarrkrampf)** ist auch in Deutschland ein Muss; sie wird von der Krankenkasse bezahlt. Alle zehn Jahre sollte man auffrischen.

Gelbfieber ist gefährlich und kann plötzlich auftreten. Vor Reisen ins tropische Afrika und nach Südamerika sollte man sich unbedingt bei autorisierten Gelbfieber-Impfstellen (Tropeninstitut) impfen lassen. Man erhält einen Eintrag im gelben internationalen Impfausweis. Die amtliche Gültigkeit beginnt zehn Tage nach der Impfung und endet nach zehn Jahren. Die Impfung kann für den Körper anstrengend sein, danach ist Ruhe angebracht. Man sollte nicht gleichzeitig eine andere Impfung ansetzen.

Ein **Diphtherie**-Impfschutz ist weltweit empfohlen. Es besteht eine Kostenübernahme durch die Krankenkassen. Impfschutz: zehn Jahre.

In den Ländern des tropischen Afrikas, in Indien, Sri Lanka, Thailand, Vietnam, Nepal und Bangladesch sollte man sich gegen *Tollwut* schützen. Insbesondere bei Langzeitaufenthalten, Abenteuerreisen oder mangelnder Verfügbarkeit einer sicheren Tollwutbehandlung im Reiseland. Ebenso bei beruflicher Tätigkeit in Risikogebieten, zum Beispiel im Wald. Daneben sind Kinder besonders gefährdet, da sie gern mit Tieren spielen.

Typhus tritt in Ländern mit unzureichendem Hygienestandard auf, insbesondere in Nordafrika, dem indischen Subkontinent und Südostasien. Bei der Schluckimpfung sollten nicht zur gleichen Zeit Antibiotika, Laxanzien und Malariamittel eingenommen werden.

Eine weitere Impfung, nämlich gegen die von Zecken übertragene *Hirnhautentzündung* oder *Frühsommer-Meningoenzephalitis (FSME)*, kann man sich bei Reisen in Risikogebiete, zum Beispiel Albanien, Estland, Frankreich, GUS-Staaten, Israel, Lettland, Litauen, Norwegen, Polen, Österreich, Russland, Schweden, Schweiz, Slowakei, Slowenien und Ungarn, verpassen lassen. Auch Deutschland zählt übrigens zu den Risikogebieten. Wenn eine Zecke beißt und man nicht geimpft ist, sollte man innerhalb der nächsten 48 Stunden den Arzt aufsuchen.

Bei Reisen in *Meningokokken*-Risikogebiete, wie die Sahelzone Afrikas, Indien und Nepal, kann man sich gegen Hirnhautentzündung impfen lassen. Das empfiehlt sich, wenn man länger als zwei Wochen im Land bleibt oder engen Kontakt mit der Bevölkerung hat. Impfpflicht besteht bei der Einreise nach Mekka (zum Beispiel bei Pilgerfahrten).

Typische Symptome einer Erkrankung mit *Hepatitis*, einer Entzündung der Leber, sind dunkler Urin, gelbliche Haut und Augäpfel sowie Müdigkeit. Die harmlosere Gelbsucht *Hepatitis A* bekommt man von verschmutztem Wasser; sie ist selten lebensgefährlich. Auf jeden Fall Alkohol vermeiden! Wer einmal an Hepatitis A erkrankte, ist immun. Verstärkt kommt Hepatitis A in Südosteuropa, Asien, Afrika sowie Mittel- und Südamerika vor.

Mit der gefährlicheren *Hepatitis B* steckt man sich gewöhnlich durch Sex bzw. auf dieselbe Art wie mit Aids an. So wie gegen eine HIV-Infektion kann man sich daher auch gegen Hepatitis B schützen. Oder man lässt sich impfen, beispielsweise bei langfristigen Aufenthalten oder häufigen Reisen in Gebiete mit erhöhtem Hepatitis-B-Vorkommen wie Afrika, Asien, Mittel- und Südamerika sowie Süd- und Osteuropa.

In der Regel sollten zwei Impfungen erfolgt sein, um einen 85-prozentigen Hepatitis-B-Schutz gewährleisten zu können. Der Impfschutz beträgt zehn Jahre.

Hepatitis C und weitere Hepatitis-Varianten sind sehr gefährlich und schwer zu behandeln. Es gibt keinen Impfstoff. Für die Übertragung und den Schutz gilt das Gleiche wie bei Aids (siehe Seite 195f.).

Die *Polio*-Impfung gegen **Kinderlähmung** wird in Deutschland ab dem achtzehnten Lebensjahr nicht mehr routinemäßig aufgefrischt. Sie wird nur mehr als Reiseimpfung für Asien, Afrika, Südosteuropa und die Türkei empfohlen. Die Krankenkasse zahlt die Impfung nicht. Als poliofrei gelten Australien und die USA.

Japanische Enzephalitis kann man sich in den ländlichen Risikogebieten von China, Indien, Kambodscha, Laos, Myanmar (Birma), Nepal, Philippinen, Sri Lanka, Thailand und Vietnam holen. Aber nur in bestimmten Monaten. Und, ja, es gibt einen Impfschutz.

Eine **Cholera**-Impfung ist nicht wirklich empfehlenswert.

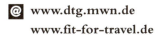 **www.dtg.mwn.de**
www.fit-for-travel.de

Reiseapotheke

Immer dabeihaben sollte man ein Desinfektionsmittel, zum Beispiel Betaisodona, Aspirin, Hustenmittel, Durchfallmittel (Perenterol, und wenn es nicht besser wird: Loperamid), Magentropfen, Breitbandantibiotikum, Verbandszeug, Brand- und Wundgel, Antiallergikum und Augentropfen gegen Bindehautentzündung.

Umgangsformen im Ausland

🐢 In islamischen Ländern vermeidet man den Körperkontakt zwischen den Geschlechtern. Auch bei der Begrüßung. Mit dem Kopf nicken, statt sich die Hand geben.

🐢 Japaner verbeugen sich bei der Begrüßung. Der Jüngere, in seiner Karriere noch nicht so weit vorangekommene tiefer als der Ältere und Erfahrenere.

🐢 Schuhe in Wohnungen von Japanern und Muslimen ausziehen. Auch wenn man in Deutschland bei Türken zu Gast ist.

🐢 In islamischen und südamerikanischen Ländern tragen Männer keine Shorts. Auch in Afrika macht man sich damit lächerlich.

🐢 In Indien und arabischen Ländern lehnt man Einladungen, Getränke, Essen erst dreimal ab, bevor man annimmt. Bieten Sie Ihrem indischen oder arabischen Gast also mehrmals etwas an, auch wenn er Nein sagt.

🐢 Niemals, niemals beim Italiener Parmesan zu Tintenfisch-Risotto, Spaghetti vongole oder anderen Fischgerichten verlangen.

🐢 In Ländern, wo mit den Fingern gegessen wird, benutzt man bei Tisch nur die rechte Hand. Die Linke liegt im Schoß.

🐢 In Südamerika sollte man niemals als Zeichen für »okay«

bzw. »fein« Zeigefinger und Daumen zu einem Ring for-
men. Das gilt als obszön.

✍ Auf ausländischen Geldscheinen sind oft aktuelle Regen-
ten abgebildet. Deren Konterfei muss man respektieren. Also den Schein nicht knicken, mutwillig einreißen, verbrennen oder darauf treten. Das kann wegen Majestätsbeleidi-
gung strafrechtlich verfolgt werden und wird auf jeden Fall
als kränkend empfunden. Auch mit Geld ohne Königspor-
trät sollte man nie verächtlich umgehen.

✍ Visitenkarten sollte jeder, ob Tourist oder Geschäftsmann,
in Asien dabei haben. Darauf steht der Name, die Firma
und die Stellung. Auf der Rückseite kann dasselbe in der
einheimischen Sprache wiederholt werden. Bei der Begrüßung tauscht man seine Visitenkarten so: Man übergibt die
Karte mit beiden Händen waagrecht eingeklemmt zwischen Daumen und dem gekrümmten Zeigefinger der
Faust. Dazu ein kleines Kopfnicken. Und, das ist ganz
wichtig: Man sieht sich die Karte des anderen an. Eventuell
legt man sie beim Gespräch vor sich auf den Tisch. Keinesfalls sollte man die Karte in Gegenwart des anderen knicken, nachlässig in die Hosentasche stecken, bekritzeln
oder sich damit die Fingernägel reinigen. Später in die
Brieftasche stecken und niemals in die Hosentasche.

✍ In russisch-orthodoxen Kirchen sollten Frauen ihren Kopf
bedecken und möglichst keine Hosen oder kurzen Röcke
tragen. Männer nehmen den Hut ab.

🐾 Dating in den USA: Beim ersten Mal führt der Mann die Frau schick und teuer aus. Er zahlt alles. Romantisches Essen, Tanzen. Beide zeigen sich von ihrer besten Seite. Um Gottes willen keine Gesprächspause zulassen. Er bringt sie bis zur Haustür. Beide küssen sich auf die Wange. Er fragt: »Wollen wir uns wiedersehen?« Sie nickt. Am nächsten Tag ruft er an und bedankt sich für den schönen Abend. Schickt eventuell Blumen. Ein neues Date wird ins Auge gefasst. Ziemlich genau drei Tage nach dem ersten Date. Nun wird man etwas persönlicher in den Gesprächen. Er zahlt. Beim nächtlichen Spaziergang darf dann schon geknutscht werden. Aber an der Haustür muss sie sich losreißen. Erst beim dritten, dem entscheidenden Date zieht die Frau die sexy Unterwäsche an. Denn erst dann fragt sie, ob er noch auf eine Tasse Kaffee mit reinkommen will. Dann kommt man zur Sache. Natürlich kann diese Chronologie jederzeit unterbrochen werden.

🐾 Frauen sollten in Asien unbedingt einen BH tragen. Die asiatischen Schwestern werden sonst böse. Büstenhalter sollte man sich von zu Hause mitnehmen. In Asien sind fast alle gepolstert und nur in kleineren Größen erhältlich.

🐾 Holländer hassen es, für Deutsche gehalten zu werden. Österreicher auch. Koreaner darf man nie mit Japanern verwechseln und diese nicht mit Koreanern oder Chinesen. Griechen und Türken können sich ebenso wenig ausstehen wie Inder und Pakistani. Mit Polen lässt sich gut über Russen schimpfen. Iren und Schotten sind keine Engländer, und in ganz Skandinavien will man nichts mit den Schweden zu tun haben. Außer in Schweden natürlich.

 Vermeiden Sie im Gastland den Satz: »Bei uns in Deutschland ...«

Andere Maße – andere Regeln

Inch = 2,54 Zentimeter

Feet = 30 Zentimeter

Yard = 91 Zentimeter

Mile = 1,61 Kilometer

Ounce = 28,35 Gramm

Pound = 450 Gramm

Britische Tonne = 1016 Kilogramm

US-Tonne = 907 Kilogramm

Britische Gallone = 4,55 Liter

US-Gallone = 3,79 Liter

Die *Fahrenheit-Temperaturskala* wird in Großbritannien und den USA verwendet. Um Grad Celsius (°C) in Grad Fahrenheit (°F) umzurechnen, multipliziert man die Celsius-Zahl mit 1,8 und zählt 32 dazu. Umgekehrt zieht man von der Zahl für Fahrenheit 32 ab und multipliziert mit $^5/_9$ bzw. 0,55, um die Celsius-Zahl zu erhalten.

Linksverkehr herrscht in Großbritannien, Irland, Malta, Zypern, Südafrika, Namibia, Botsuana, Simbabwe, Pakistan, Indien, Bangladesch, Sri Lanka, Thailand, Malaysia, Indonesien,

Hongkong, Singapur, Japan (dort auch auf den Bürgersteigen), Australien, Neuseeland, Seychellen, Cook-Inseln, Barbados, British Virgin Islands, Jamaika und Bahamas.

Tipps und Tricks

☀ Es gibt ungefähr 198 unabhängige Länder auf der Weltkugel. Hinzu kommen Kolonien, autonome Gebiete und Regionen, für die Besucher Sondergenehmigungen benötigen. Für etwa die Hälfte braucht man vorher ein Visum.

@ **www.auswaertiges-amt.de**
 www.visaexpress.de

☀ Landkarten ärmerer Länder sollte man vorher zu Hause kaufen. Die exzellenten Michelin-Karten findet man selten in afrikanischen Ländern.

☀ In den Hauptstädten kann man fast alle Gegenstände des täglichen Lebens kaufen. Auch Tampons. Nicht immer jedoch Zahnseide und kaum Ohropax, die in einem lauten Hotel ein Segen sind.

☀ Wechseln Sie Ihr Geld nicht in Deutschland, sondern vor Ort. Da ist der Kurs immer günstiger. Wechseln Sie in Ländern mit wenig Tourismus in der Landeshauptstadt. Nehmen Sie Euro-Travellerschecks und nur in Lateinamerika Dollars mit. Nur für den Schwarzmarkt und in abgelegenen Gebieten sind Dollars in bar besser.

❁ Finden Sie sich damit ab, dass Sie am ersten Tag in einem fremden Land zu viel Geld ausgeben.

❁ Der sicherste Ort für Geld ist die vordere Hosentasche.

❁ Trinkgeld: In den USA ein absolutes Muss (10 bis 15 Prozent), in Asien erst in letzter Zeit üblich, vor allem in touristischen Gegenden.

❁ Kopieren Sie die ersten Seiten Ihres Reisepasses. Im Falle eines Diebstahls hilft das sehr, wenn Sie bei der Botschaft einen neuen Pass beantragen.

❁ In der Nähe von Busbahnhöfen befinden sich meist preisgünstige Hotels. Und die meisten Taschendiebe. Die gefährlichsten Diebe sind jedoch die Mitreisenden.

❁ Nehmen Sie eine Visitenkarte aus dem Hotel mit, dann finden Sie immer zurück.

❁ Lassen Sie die Luft aus den Fahrradschläuchen, wenn Sie Ihr Fahrrad mit dem Flugzeug transportieren.

❁ Außerhalb Europas halten die Autos nicht vor Zebrastreifen. Größere Autos haben immer Vorfahrt. Wer es nicht glaubt, wird mit dem Tod bestraft.

❁ In Touristenorten und Millionenstädten können Sie das Leitungswasser in der Regel auch in armen Ländern trinken, selbst wenn es komisch schmeckt. Aber lassen Sie die Finger von Eiswürfeln, Softeis, Mayonnaise und aufgeschnittenen und mit Wasser begossenen Früchten.

✺ Schneiden Sie das obere und untere Ende von Strohhalmen ab, wenn Sie auf der Straße Trink-Kokosnüsse kaufen. Die Halme werden oft wieder verwendet.

✺ In heißen Ländern, in denen man stark schwitzt, unbedingt mehrere Liter nichtalkoholischer Getränke am Tag zu sich nehmen und den Mineralienverlust ausgleichen. Zum Beispiel Salz in die Cola schütten. Das schmeckt man kaum.

✺ Bei Durchfall in tropischen Ländern Coca Cola trinken und Salzstangen oder Cracker essen, um die verloren gegangenen Mineralien zu ersetzen. Bei hartnäckigen Beschwerden lassen Sie sich von der Deutschen Botschaft einen Arzt empfehlen.

✺ Indien und China sind gute Länder für Vegetarier. Alle anderen weniger. Vegetarische Restaurants erkennt man in China oft an einem Hakenkreuz.

✺ In China gibt es in jedem Hotel eine Thermoskanne mit heißem Wasser, um sich Tee oder Kaffee aufzubrühen.

✺ Zeitungspapier isoliert ausgezeichnet. Wenn Sie unter freiem Himmel schlafen, zwischen Schlafsack und Erde Zeitungen legen. Zeitungen beim Bergabfahren mit dem Fahrrad gegen den kalten Fahrtwind unter den Pullover stecken.

✺ Steuerbord ist in Fahrtrichtung rechts und backbord links. Jedes Schiff muss nachts an Steuerbord eine grüne Beleuchtung führen, an Backbord eine rote.

✳ Wenn Sie mit dem Auto durch weichen Sand fahren, lassen Sie vorher Luft aus den Reifen. Im ersten Gang und schnell durch Verwehungen und Dünen fahren. Bleiben Sie stecken, kein Gas geben. Räder freischaufeln, Sandbleche darunter legen und noch mehr Luft rauslassen – bis runter auf 0,8 Bar. Im festen Gelände die Reifen wieder aufpumpen. Also Handpumpe dabeihaben. Und ein Abschleppseil.

✳ Bei Reisen in die Wüste das Kühlwasser austauschen und ohne Frost- und Rostschutzmittel fahren. Ein Reservoir für Notfälle mitnehmen.

✳ Wer in der Wildnis draußen schläft, sollte seine Schuhe ans Kopfende neben den Schlafsack stellen. Dann kriechen die Skorpione in die Schuhe und nicht in den Schlafsack, weil sie den stärkeren Geruch bevorzugen. Morgens natürlich die Schuhe ausschütteln!

✳ »Moische-moische«, so meldet sich der Japaner am Telefon.

✳ »Maidan« ist das chinesische Wort für Rechnung.

✳ »Bätsau« nennt man das Bier in Südchina/Hongkong, im Rest von China »Piju«.

Allgemeinwissen

Um ehrlich zu sein: Am Anfang hat keiner eine Ahnung. Aber man ist umgeben von Menschen, die ungeheuer viel wissen. Zumindest sieht es so aus. Es ist, als ob man am Ufer steht, und die anderen sind längst abgesegelt. Wird man sie jemals einholen? Auch einmal so viel wissen wie sie?

Wissen kann der Reichtum armer Menschen sein. Bildung ist eine anerkannte Währung, um sich seinen Platz in der Gesellschaft zu sichern. Aber niemand kann alles wissen, weshalb man versuchen sollte, das Gespräch auf sicheres Terrain zu lenken. Ist die Rede von einem Buch, das Sie nicht gelesen haben, nicken Sie ein paar Mal und sagen dann: »Apropos, das erinnert mich an ein Buch, einen Film …«

Niemand kann alles wissen. Aber man kann lernen, Wissen ausfindig zu machen. Drei gute Besuche im Web, um laufend seinem Wissen auf die Sprünge zu helfen:

@ **www.telepolis.de**
   www.perlentaucher.de
   www.jetzt.de

Wer Bescheid wissen, gebildet sein und mitreden will, der sollte Zeitung lesen. Es empfiehlt sich, alle bedeutenden deutschen

Tageszeitungen im Auge zu behalten und immer mal wieder eine andere zu lesen. Mit der Zeit findet man dann seine Favoriten und weiß, an welchem Tag die interessanten Themen, die Spezialseiten und die gesonderten Beilagen erscheinen. Hat man ein halbes Jahr lang die wichtigsten Zeitungen gelesen, egal, ob Tageszeitung oder Spezialistenmagazin, ist man auf der Höhe der Zeit.

Die meisten Tageszeitungen bieten billige Studenten-Abos an oder kostenlose Probe-Abos für mehrere Wochen. Umsonst in Zeitungen und Zeitschriften schmökern kann man außerdem in öffentlichen Bibliotheken.

Die wichtigsten Zeitungen und Magazine

Die beiden wichtigsten überregionalen deutschen Tageszeitungen sind die linksliberale *Süddeutsche Zeitung* und die konservative *Frankfurter Allgemeine Zeitung* mit dem anspruchsvollsten Wissenschaftsteil. Zwischen *SZ* und *FAZ* spielt sich regelmäßig ein Debattenstreit im Feuilleton ab. Ungewöhnlichere Zusatzinformationen bezieht man aus der linken *taz*. Wer dazu noch wöchentlich den *Spiegel* liest, ist wirklich ausreichend informiert. *Frankfurter Rundschau* (zwischen *SZ* und *taz*), *Die Welt* (konservativ), *Bild* (populistisch) oder die Wochenzeitungen *Die Zeit* (liberal) und *Focus* (konservativ) sind ebenfalls von Bedeutung. *Focus* und *Spiegel* haben ein ausgezeichnetes Online-Angebot, das Online-Archiv der *Zeit* ist sehr wertvoll. Die *taz* steht komplett im Netz.

Für das Besondere und den globalen Blick gibt es ein weitaus vielfältigeres Angebot. Als die beste Tageszeitung der Welt gilt die *New York Times*. Die Wochenmagazine *Times* und *Newsweek* bieten einen guten Gesamtüberblick aus amerikanischer Sicht. Europäischer und vom Layout spröder berichtet *The Economist* über World affairs. Wer es noch genauer haben will, liest die *Far Eastern Economic Review*, das asiatische Nachrichtenmagazin, und *Jeune Afrique* für einen tieferen Einblick in afrikanische Angelegenheiten. Oder er hört *BBC World Radio*, das zu Recht mehrfach für den Friedensnobelpreis vorgeschlagen wurde.

Die hohe Kunst der Reportage findet man in *Vanity Fair*, *New Yorker* und auch in der deutschen Meereszeitung *Mare*. Die Wochenendausgaben der Tagespresse Großbritanniens mit ihrem ganz speziellen britischen Stil sind wegen ihrer spannenden Reportagen und unterhaltsamen Kolumnen, aus denen Kinofilme gemacht werden (»Bridget Jones – Schokolade zum Frühstück«), populär.

Für die bedingungslose Moderne in Sachen Stil, Design und Pop sind die englischen Magazine *iD*, *Arena* und *Wallpaper* Pflichtlektüre. Für intelligente Popkultur die deutsche *Spex*. Für Internet, Computer und Zukunft das amerikanische Magazin *Wired*. Für Mode das italienische *Collezioni*, dort sind die kompletten Kollektionen der wichtigsten Modemacher abgebildet. *Vogue* und *Elle* gibt es in verschiedenen Länderausgaben, je nach persönlichem Geschmack sucht man sich zum Beispiel die französische *Vogue* und die italienische *Elle* aus. Wer es subkultureller mag, kauft sich dazu noch *Dutch* und *Selfservice*.

Die aktuellen naturwissenschaftlichen Neuigkeiten stehen in *Science* und *Nature*.

@ www.taz.de
www.sueddeutsche.de
www.faz.de
www.economist.com
www.nytimes.com
www.wired.com
www.i-dmagazine.com
www.wallpaper.com
www.feer.com
www.jeuneafrique.com
www.spiegel.de
www.focus.de

Top-Listen für alle, die mitreden wollen ...

... oder damit Sie so tun können als ob!

Die schönsten Museen

British Museum, London
Louvre, Paris
Deutsches Museum, München
Ägyptisches Museum, Kairo
Museum of Modern Art, New York
Natural History Museum, New York

Opern und Theaterstücke, die man gesehen haben muss

Eine Oper von Mozart

Ein Werk von Shakespeare

Eine Inszenierung von Robert Wilson

Ein Abend mit Christoph Schlingensief

Eine Aufführung von Christoph Marthaler

Orte, die man besucht haben soll

Pyramiden, Gizeh

Forum Romanum, Rom

Akropolis, Athen

Times Square, New York

Verbotene Stadt, Peking

Taj Mahal, Agra

Stonehenge, England

Angkor Wat, Kambodscha

Monument Valley, USA

Serengeti, Tansania

Alhambra, Granada

Der Kino-Kanon

Citizen Kane

Panzerkreuzer Potemkin

The Searchers (Der schwarze Falke)

Rashomon

Der Pate

La Règle du Jeu (Die Spielregel)

Vom Winde verweht

Das Kabinett des Dr. Caligari

Vertigo

Ein andalusischer Hund

Taxi Driver

Moderne Zeiten

Fahrraddiebe

Fight Club

La Strada

2001: Odyssee im Weltraum

Außer Atem

Raging Bull

Achteinhalb

Star Wars

Die sieben Samurai

Eraserhead

Tokyo Story

Die Musik der Moderne

Beach Boys – Pet Sounds

Beatles – Abbey Road

Elvis Presley – Sun Collection

Abba – Super Trooper

The Velvet Underground & Nico – The Velvet
   Underground

The Sex Pistols – Never Mind The Bollocks,
   Here's The Sex Pistols

Marvin Gaye – What's Going On

Curtis Mayfield – Curtis

Nirvana – Nevermind

Bob Dylan – Highway 61 Revisited

Jimi Hendrix – Are You Experienced

Rolling Stones – Exile On Main Street

Madonna – Like A Virgin

Prince – Sign O' The Times

Led Zeppelin – IV

Hank Williams – The Original Single Collection … Plus

Suicide – Suicide

Kraftwerk – Die Mensch Maschine

Oasis – Definitely Maybe

Tribe Called Quest – The Low End Theory

Sly & The Family Stone – There's A Riot Goin' On

Slayer – Reign In Blood

John Coltrane – A Love Supreme

Fehlfarben – Monarchie und Alltag

Sonic Youth – Daydream Nation

Stevie Wonder – Innervisions

Massive Attack – Blue Lines

Clash – London Calling

Patti Smith – Horses

Dexy's Midnight Runners – Searching For
   The Young Soul Rebels

John Cale – Paris 1919

Van Dyke Parks – Discover America

De La Soul – Three Feet High And Rising

David Bowie – Low

Boogie Down Productions – Criminal Minded
ABC – The Lexicon Of Love
Metallica – Master Of Puppets
Ornette Coleman – Skies Of America
Freddy Quinn – Heimweh

Die besten Kriminalromane

Edgar Allan Poe: Der Doppelmord in der Rue Morgue
Truman Capote: Kaltblütig
Agatha Christie: Mord im Orientexpress
Jim Thompson: Zwölfhundertachtzig schwarze Seelen
James Ellroy: Die schwarze Dahlie
Raymond Chandler: Der große Schlaf
Dashiell Hammett: Der Malteser Falke
Eric Ambler: Topkapi
Mickey Spillane: Ich, der Richter
Thomas Harris: Das Schweigen der Lämmer
Sir Arthur Conan Doyle: Der Hund von Baskerville
Patricia Highsmith: Der talentierte Mr. Ripley
Ruth Rendell: Sprich nicht mit Fremden
Margaret Millar: Fragt morgen nach mir
Ian Flemming: 007 jagt Dr. No
Edgar Wallace: Der Hexer
Francis Durbridge: Das Halstuch
Erich Kästner: Emil und die Detektive
Dick Francis: Fehlstart
Charles Willeford: Miami Blues
Georges Simenon: Maigret und der gelbe Hund

Sébastien Japrisot: Die Dame im Auto mit
   Sonnenbrille und Gewehr
Ross MacDonald: Durchgebrannt
Ross Thomas: Schutzwall
Walter Mosley: Teufel in Blau
Elmore Leonard: Alligator
Rita Mae Brown: Rubinroter Dschungel
Dorothy Sayers: In feiner Gesellschaft
Sara Paretsky: Brandstifter
Sue Grafton: Eine schlimme Geschichte
Donna Leon: Venezianisches Finale
Margaret Atwood: Die essbare Frau
Ellery Queen: Die indische Seidenschnur
James Hadley Chase: Dumme sterben nicht aus
Rex Stout: Abendmahl mit Nero Wolfe
Erle Stanley Gardner: Perry Mason und das halbe Glück
Ed McBain: Ich war's, ich war's
Henning Mankell: Mörder ohne Gesicht
Pierre Boileau/Thomas Narcejac: Tote sollten schweigen
Maj Sjöwall/Per Wahlöö: Die Tote im Götakanal
Gilbert Keith Chesterton: Die Einfalt des Pater Brown
John Le Carré: Der Spion, der aus der Kälte kam
Maurice Leblanc: Arsène Lupin – Der Gentlemangauner
Jörg Fauser: Das Schlangenmaul
Jakob Arjouni: Happy Birthday, Türke
Akif Pirinçci: Felidae
Andrew Vachss: Kult
Batya Gur: Denn am Sabbat sollst du ruhen

Philip Kerr: Das Wittgensteinprogramm
Friedrich Glauser: Wachtmeister Studer
John Grisham: Die Jury
Friedrich Dürrenmatt: Der Richter und sein Henker

Die wichtigste Fachliteratur

Der kleine Hey: Für Schauspieler.
Der Oeckl: Für Journalisten und Öffentlichkeitsarbeit. Alle Adressen von Behörden, Verbänden, Parteien, Vereinen und Prominenten in Deutschland.
Der Parker: Für Weinkenner.
Der Pschyrembel: Das Medizin-Nachschlagewerk.
Der Dehio: Für Denkmalschützer.
Der Schwacke: Das »Was ist mein Auto heute wert?«-Lexikon

Sätze, mit denen man – fast – immer richtig liegt

»Wovon man nicht reden kann, darüber muss man schweigen.« (Wittgenstein)
»Ich – das ist ein anderer.« (Rimbaud)
»Die Hölle, das sind die anderen.« (Sartre)
»Per aspera ad astra.« (Cicero: Auf rauen Bahnen zu den Sternen)
»Gott würfelt nicht.« (Einstein)
»Mit Größenwahn fängt's meistens an.« (Fix & Foxi Comic)
»In Gefahr und größter Not bringt der Mittelweg den Tod.« (Kluge)

Was nicht jeder weiß

Haiku sind siebzehnsilbige japanische Gedichte aus zwei fünf-silbigen und einer siebensilbigen Zeile. Der Plural heißt eben-falls Haiku. Nicht Haikus!

Der *Fuji* ist der höchste Berg Japans (3776 m). Man kann den Vulkan auch Fuji-san (»Herr Fuji«) grüßen. Aber niemals Fuji-jama!

Japanische und *britische Autos* haben die Tankklappe auf der Fahrerseite. Sonstige meist auf der des Beifahrers.

HAL heißt der Computer im Film »2001: Odyssee im Welt-raum«. Die Buchstaben IBM rückten dabei eine Stelle im Al-phabet zurück, und so entstand HAL.

Radsportler rasieren sich die Beine, damit nach einem Sturz die Haare nicht mit Blut verkleben.

Es gibt kein *Jahr 0*. Nach 1 Jahr vor Christus folgt direkt das Jahr 1 Jahr nach Christi Geburt. (Vermutlich wurde Jesus aber sechs Jahre früher geboren.)

Hurenkinder nennt man im Buchdruck verkürzte, in der Luft hängende Ausgangszeilen zu Beginn einer neuen Seite. Einge-rückte Anfangszeilen am Ende einer Buchseite nennt der Gra-fiker *Schusterjungen*.

Serifen sind die kleinen Häkchen an den Buchstaben be-stimmter Typografien. *Versalien* sind Großbuchstaben.

Die *13* ist die seltenste Zahl bei Lottoausspielungen in Deutschland, die *38* die häufigste.

Schummeleien in Buchhaltung und Steuererklärungen werden entdeckt, weil die Betrüger die *Zahl 1* zu selten verwenden; sie ist die häufigste Zahl bei Alltagsrechnungen.

Das hebräische Alphabet hat *22 Buchstaben*, diesen werden in der jüdischen mystischen Geheimlehre Kabbala Zahlenwerte zugeordnet. Deshalb besteht das Tarot aus 22 Karten. *666* ist die Zahl des Teufels. *501* ist die klassische Jeans von Levis. Und *505* ist sowohl ein Renault-Modell als auch ein berühmtes Mikrofon für Rock'n Roller.

Steht man mit dem Rücken zum Wind, hat man das Tiefdruckgebiet links vorn, das Hochdruckgebiet links hinter sich. Dieses *Buys-Ballot'sche Gesetz* gilt lediglich auf der Nordhalbkugel.

Nach der *Guilbert-Grossmann'schen Regel* neigen Tiefdruckausläufer dazu, binnen 24 Stunden in das Gebiet des in Bewegungsrichtung vorgelagerten Hochdruckkeils zu wandern und umgekehrt.

Faustregel zur Bestimmung der *Sichtweite auf See*: Ist die Kimm, das heißt die Trennlinie Wasser-Himmel, klar erkennbar, so beträgt die Sicht mehr als 5 Seemeilen (9,2 km). Ist sie verwaschen, so ist die Sichtweite geringer.

Lee ist die dem Wind abgekehrte Seite, *Luv* die im Wind stehende Seite.

Entropie ist eine physikalische Zustandsgröße und bezeichnet das Maß für die Unordnung eines Systems. Ohne Eingriff wächst die Entropie immer weiter an, sie kann nicht abnehmen, ähnlich wie in Kinderzimmern.

Budweiser ist kein Pils.

Geheimwissen

Zu guter Letzt die Dinge, die man nicht wissen muss, sondern will. Seit Urzeiten wurde dieses Wissen mündlich von Generation zu Generation überliefert. Die ältesten Ratschläge stammen von den Kelten, aber auch neue Erkenntnisse, wie die Geheimlehre vom Toilettenreiniger Coca Cola, wurden in dieses Schatzkästlein aufgenommen. Das wertvolle Wissen, wie man mit Kartoffeln Unterschriften fälscht, in der Spülmaschine Lachs dünstet oder in der Waschmaschine Bier braut, hat schon manchem das Leben gerettet.

Nutzen Sie dieses Wissen verantwortungsvoll. Greifen Sie nur im äußersten Notfall darauf zurück. Sonst ergeht es Ihnen wie dem Prinzen im Märchen, der seine drei Wünsche zu unüberlegt verschwendete.

Manche der Techniken sind nicht ungefährlich. Aber Sie wollen ja erwachsen werden.

Kochen unter der Motorhaube

Packen Sie Steaks, Würstchen oder Gemüsespieße in eine Grillschale, und schlagen Sie sie mit Alufolie ein. Dann das Paket mit Draht fest verschnüren und auf der Oberseite der Zylinderköpfe oder den Teilen der Auspuffanlage befestigen. Passen Sie auf, dass eventuell auslaufendes Fett oder tropfende

Gemüsebrühe keinen Schaden anrichten kann. Das Lunchpaket mit Draht sichern, damit es beim Bremsen nicht verrutscht. Nach der Hälfte der Garzeit den nächsten Parkplatz ansteuern und das Paket wenden. Fischfilet ist bei 80 Stundenkilometern nach etwa 45 Minuten gar, ein Steak medium braucht eine gute Stunde. Man kann auch Brötchen aufbacken oder Würstchen warm machen.

Fisch dünsten in der Spülmaschine
Der heiße Wasserdampf hat über die gesamte Spülzeit hinweg immer die gleiche Temperatur von etwa 80 Grad – geradezu ideal, um Fisch zuzubereiten. Würzen Sie Lachsscheiben mit Dill, rotem Pfeffer sowie Zitronenscheiben, und schlagen Sie die einzelnen Filets sorgfältig in Alufolie ein, am besten zusätzlich in Frischhaltebeuteln sichern. Legen Sie die Päckchen in das oberste Fach der Spülmaschine und starten Sie das Programm. Und dann auf sauberem Geschirr den Lachs servieren.

Bier brauen in der Waschmaschine
Man braucht dazu einen Toplader, reinigt ihn gründlich und entfernt den Sicherheitsschalter für die Zeitverzögerung zum Öffnen des Deckels sowie den Thermo-Sicherheitsschalter, damit der Sud richtig kochen kann. Eingebaut werden ein vierpoliger Schalter, um den Strom im Heizstab zu trennen, und ein Schalter, um den Steuerwalzenmotor ein- und auszuschalten. Den Ablaufschlauch ins Waschbecken hängen.

Durch den Zulaufschlauch werden etwa 25 Liter Leitungswasser eingelassen und auf 40 Grad erhitzt. Wenn diese Temperatur zum Einmaischen erreicht ist, die Maschine stoppen. In einer Art Riesen-Teebeutel aus Windelstoff gibt man rund 5 Kilo Malz in die Trommel. Das Malz vorher in der Getreidemühle schroten. Helles Malz für helles Bier, dunkles Malz für Alt- oder Schwarzbier. Langsam die Temperatur auf 78 Grad steigen lassen. Nun den Beutel mit dem Malz herausnehmen und die Trommel ausschalten oder herausnehmen, das Bier braucht jetzt zwei Stunden Ruhe. Danach den Kochwaschgang einschalten. Etwa 50 Gramm Hopfen – gibt es in der Apotheke – in einem Windelbeutel dazugeben und den Sud eine Stunde kochen. In ein Fass pumpen und auf 20 Grad abkühlen lassen. Bierhefe dazugeben. Diese Hefe zwölf Stunden vorher mit Zuckerwasser oder Obstsaft ansetzen, damit sich die Hefebakterien vermehren. Zwei bis fünf Tage gären lassen, bis der Schaum zusammenfällt. Mit einem Schlauch in Bierflaschen mit Bügelverschluss abfüllen. Den Schlauch bis zum Boden der Flasche einführen, dabei nicht schäumen, sonst geht die Kohlensäure verloren. Das Bier noch einmal drei Wochen ruhen lassen, und zwar bei 10 Grad. Den Bügelverschluss täglich zwei- bis dreimal kurz öffnen, sonst platzt die Flasche.

Gesetzlich erlaubt ist, dass jeder 30 Liter Bier im Monat brauen darf. Und um ganz korrekt zu sein, informiert man das nächstliegende Hauptzollamt per Fax: »Braue morgen 20 Liter Bier.« Dann muss man auch keine Biersteuer zahlen.

Die geheimen Kräfte der Kartoffel

Einige erinnern sich vielleicht noch an den lustigen Versuch in der Schule mit der Kartoffel, bei dem man zwei leitende Bleche in das Gemüse steckte und die Spannung dieser biologischen Batterie maß. Wer sich an diese Physikstunde nicht erinnert, weil er da gefehlt hat, und dieses Stück Jugend nachholen will, kann das zu Hause ganz leicht machen. Da nur wenige einen Spannungsmesser daheim herumliegen haben, die Stecker eines Kopfhörers in eine rohe Kartoffel bohren. Es knistert dann aus der Kartoffel. Da aus aufmerksamen Physikstunden-Lauschern Webmaster und Server-Betreiber wurden, war rasch einer dieser Internetwitze geboren: Ein Server, powered by Kartoffel. Mit der Spannung einer Kartoffel, also etwa 0,75 Volt.

@ **www.d116.com/spud**

Mit rohen Kartoffeln lassen sich aber noch ganz andere Dinge anstellen. Man kann damit zum Beispiel **Ölgemälde reinigen**. Oder ausgetrocknete **Rauchwaren wieder beleben**, indem man neben Zigarren, Zigaretten und Marihuana einige Zeit rohe, geschälte Erdäpfel legt, wie der Österreicher sagt.

Auch für **Fälschungen** eignen sich die sympathischen Nachtschattengewächse: Man drückt die aufgeschnittene Seite auf eine Unterschrift oder einen Stempel – die Farbe wird aufgenommen – und presst sie dann auf ein anderes Dokument, ähnlich wie beim Kartoffeldruck.

Silberfische mögen Stärkehaltiges und lassen sich durch eine rohe aufgeschnittene Kartoffel anlocken. Nach ein paar Stunden kann man die auf der Kartoffel sitzenden Tiere einsammeln und vernichten.

Gegen **Sodbrennen** hilft das Kauen einer rohen Kartoffel.

Spinatflecken entfernt man mit einer zerquetschten Kartoffel, die man auf den Fleck streicht.

Eine aufgeschnittene rohe Kartoffel im Bauch eines ausgenommenen **Fisches** gibt ihm Halt in der Bratterrine. Der Fisch wird so im Ofen von allen Seiten gegart, ohne dass man ihn wenden muss. Die Kartoffel kann man hinterher natürlich mitessen.

Außerdem ist die Kartoffel, ursprünglich Grundstoff des Wodkas – und übrigens ein idealer **Brillenreiniger** –, ein billiges **Schönheitsmittel:** Rohe Scheiben auf das Gesicht auflegen. Das strafft und klärt die Haut und wirkt außerdem gegen vergrößerte Poren.

Ach ja, man kann Kartoffeln auch einfach kochen und essen.

Säuberungsaktionen mit Coca Cola

Für die **Toilettenreinigung** gibt man das süße Gebräu wie einen normalen Reiniger in die Kloschüssel und lässt es eine Stunde wirken.

Coca Cola entfernt auch **Flecken von Porzellan**.

Angelaufene **Windschutzscheiben** lassen sich ebenfalls mit Cola reinigen.

Bei hartnäckigen **Ölflecken** einen Schuss Cola zum Waschmittel geben.

Mit einer Alufolie und Cola kann man außerdem **Rostflecken im Chrom** abschrubben.

Auch **verrostete Türschlösser** vertragen eine Lösung mit der koffeinhaltigen Limonade.

Bäume fällen

Auf der Seite des Stammes, auf die der Baum fallen soll, einen Dreikantkeil aussägen. Er darf aber höchstens bis zu einem Drittel in den Stamm reichen, sonst klappt der Baum auf die Säge und klemmt sie ein. Sollte der Baum bereits geneigt in Fällrichtung stehen, einen kleineren Keil aussägen. Danach von der anderen Seite weitersägen, bis man fast den bereits ausgesägten Teil erreicht hat. Spätestens wenn das Holz zu knarren anfängt, den Baum mit der Hand umwerfen.

Flöhe fangen

Bei der Flohhatz wird die gesamte Aufmerksamkeit des Jägers verlangt. Denn der Floh ist geschickt. Er kennt den Jäger seit Tausenden von Jahren. Völlig falsch ist es, den Floh in der Badewanne ertränken zu wollen. Ganz vergeblich, denn bevor die Haare trocken sind, beißt die Bestie Floh wieder. Man erkennt ihn an seinen Spuren: Die kleinen, heftig juckenden Bisse liegen meist nah beieinander.

Zur erfolgreichen Flohhatz muss zuerst das Terrain abgesteckt werden: die nackte Haut. Der Jäger zieht sich aus und legt sich auf das Bett. Nicht zudecken. Jetzt heißt es warten. Nicht das nervöse, angespannte Warten, sondern ganz entspannt. Am besten liest man ein Buch, keine Zeitung, da muss man zu oft umblättern. Beim Warten darf man sich bewegen, ganz natürlich, damit der Floh nicht misstrauisch wird. Die Geduld des Jägers muss lang und stoisch sein, aber gleichzeitig darf das Warten nicht in bloßes stumpfes Dasein ausarten. Wenn es jetzt irgendwo juckt und ein Gelegenheitsopfer sich einfach gedankenlos kratzen würde, beherrscht sich der echte Jäger. Er legt sein Buch beiseite, lauscht auf das geheime Zeichen, das Prickeln des Flohbisses, und bewegt sich vorsichtig zur Futterstelle des Flohs hin. Jetzt müssen alle Sinne geschärft sein – nicht einfach, nach dem entspannten Warten. Noch spürt er den Floh nur, sieht ihn nicht, vielleicht hat er sich ja den Biss nur eingebildet. Der Jäger beugt sich zur juckenden Stelle, nicht ruckartig, denn der Floh kennt alle natürlichen Bewegungen seines Jagdreviers, der Haut. Und dann sieht ihn der Jäger, den kleinen schwarzen Punkt, von Fressgier übermannt. Die Muskeln des Waidmanns spannen sich, er nähert sich dem Tier und fängt es mit dem Daumennagel ein. Hat sich der Floh gar in die Körperbehaarung verirrt, kann sich der Jäger oft einen Fehlversuch leisten.

Niemals sollte man versuchen, den Floh mit bloßen Fingern zu schnappen! Er muss unter den Fingernagel. Der Zeigefinger presst sich dann fest gegen den Daumennagel mit dem gefangenen Floh, sodass sich die Haut darunter weiß färbt. Der Floh ist noch springlebendig und wird jede Gelegenheit wahrnehmen, davonzuhüpfen. Der Jäger nimmt jetzt kaltblütig seinen zweiten Daumennagel, um ihn in den anderen einzuschieben, dort wo der Floh gefangen sitzt. Und dann knacken. Wie oft wird dieses Knacken nicht konsequent ausgeführt! Dann entspringt der Floh, und auf ein Neues muss der Jäger sich in Geduld fassen.

Die Flohhatz lernt uns vieles, was wir im Leben brauchen: wache Geduld, ruhige, zielbewusste Vorbereitung und konsequente Ausführung. Außerdem ist die Flohhatz heute, wo nur noch wenige Großwildjäger ihren Bierbauch hinter ein idiotensicheres Präzisionsgewehr klemmen, eine der wenigen Gelegenheiten, den Jäger in sich zu spüren.

Fliegen fangen ist leichter. Zumindest wenn das Objekt in der Nähe gelandet ist. Einfach zehn Zentimeter über der Fliege in die Hände klatschen. Erschreckt summt die Fliege hoch, direkt zwischen die zusammenklatschenden Hände.

Der Luftröhrenschnitt

Bleibt jemandem etwas im Halse stecken und droht er zu ersticken, pressen Sie sehr kräftig auf das Brustbein. Entweder von oben auf den Liegenden, oder Sie umarmen den Betroffenen von hinten und pressen mit beiden Fäusten auf die Stelle, wo sich die Rippen teilen (siehe Abbildung). Nur wenn dieser so genannte Heimlich-Griff versagt, nehmen Sie eine Rasierklinge oder ein sehr scharfes Messer und zwei Strohhalme. Am Hals, etwa zwei bis drei Zentimeter unter dem Schildknorpel, befindet sich der unauffälligere Ringknorpel. In die Vertiefung zwischen Schild- und Ringknorpel schneiden Sie horizontal einen eineinhalb Zentimeter langen und genauso tiefen Schnitt. Es blutet nur wenig. Ziehen Sie den Schnitt auseinander, schieben Sie Ihren Finger hinein, damit er nicht zuklappt, und stecken Sie die beiden Strohhalme hinein. Kurz zweimal hineinblasen, fünf Sekunden warten, wieder blasen. Dann beginnt das Opfer wieder aus eigener Kraft zu atmen. Hoffentlich.

@ **www.worstcasescenarios.com**

Weitere Überlebenstipps

Rettung aus dem Eis: Legen Sie sich flach auf das Eis, möglichst das Gewicht auf einer Leiter verteilt. Reichen Sie dem Eingebrochenen niemals die Hand, sondern eine Jacke, sonst zieht er Sie womöglich mit hinunter.

Sollten Sie selbst in einem vereisten Gewässer eingebrochen sein und unter die Eisoberfläche nach oben schwimmen wollen, richten Sie sich nach der dunkelsten Stelle: Da ist der Ausstieg ins Freie.

Wer von einer *Lawine verschüttet* ist, hat oft die Orientierung verloren. Graben Sie eine kleine Höhlung und spucken Sie – dann wissen Sie, wo oben und unten ist.

Kleine blutende Wunden lassen sich im Urwald prima mit *Treiberameisen* klammern. Die Wanderameise (Ecitoninae) an die Wunde halten und zubeißen lassen. Dann den Körper abknipsen, der Kopf mit den zugeklappten Kiefern hält die Wundränder zusammen. So machen es zumindest die Indios.

Wenn Sie in der Wüste, im Gebirge oder in der Arktis *verschollen* sind, legen Sie an einer übersichtlichen Stelle ein großes X aus. Benutzen Sie dafür Äste, Kleidungsstücke, oder trampeln Sie die Spur in den Schnee. So kann Sie ein suchendes Flugzeug aus der Luft erkennen. Zünden Sie ein Feuer an, legen Sie qualmendes Holz oder Blätter hinein, und geben Sie

Seemannsknoten: Auch sie können Leben retten

Halber Schlag

Zwei halbe
Schläge

Rundtörn mit zwei
halben Schlägen

Slipstek

Webeleinstek

Palstek

Doppelter
Palstek

Laufender
Palstek

Achtknoten

Kreuzknoten

Schotstek

Doppelter
Schotstek

Stopperstek

Zimmermannsstek

Malspiekerstek

Rauchsignale, indem Sie eine nasse Decke über dem Feuer schwenken. Blinken Sie nachts mit der Taschenlampe und tags mit einem Spiegel oder einer Glasscherbe. SOS geht so: dreimal kurz, dreimal lang, dreimal kurz. Egal, ob mit der Trillerpfeife oder der Taschenlampe.

Sind Sie Zeuge bei einem *Überfall* oder einer Vergewaltigung, stürzen Sie sich nicht auf den oder die Täter – schon gar nicht, wenn diese bewaffnet sind. Rufen Sie um Hilfe und schreien Sie laut. Normalerweise laufen die Täter weg.

Register

271